GUSTAF

Von Seglern und Menschen

Wolfgang J. Krauss

Wolfgang J. Krauss

GUSTAF

Von Seglern und Menschen

Verlag Delius, Klasing & Co
Bielefeld

ISBN 3-7688-0406-2

Printed in Germany 1982
Zeichnungen: Kurt Schmischke
Gesamtherstellung: Clausen & Bosse, Leck

Inhalt

Eine Übersicht aller in unserem Verlag erschienenen KRAUSS-Bücher befindet sich auf Seite 100

Vorwort

Ein neuer GUSTAF-Band liegt vor Ihnen, lieber Leser. Er enthält wiederum eine Auswahl von Erlebnissen des weitbekannten segelnden Familienvaters. Sie wurden zum Teil in der Zeitschrift YACHT vorabgedruckt; aber es sind auch solche darunter, die an dieser Stelle das Licht der Welt zum ersten Mal erblikken. Falls der etwas hintergründig anmutende Untertitel „Von Seglern und Menschen" Sie irritieren sollte, empfehlen wir, zunächst das Buch zu lesen. Danach wird Ihnen einleuchten, warum der Autor gerade diesen Titel wählte.

Seit GUSTAFS ersten Segelerlebnissen auf Opas Boot bis zum heutigen Tag hat sich die Wasserwelt gewaltig verändert! Manche Leute meinen, sie sei besser geworden. Doch GUSTAF ist da anderer Meinung: Zu viele Gesetze und Verordnungen erschweren den Skippern heute die Ausübung ihres geliebten Sports; zu hoch sind die Unterhaltskosten einer Yacht geklettert; zu viele Boote verstopfen die Häfen und Reeden. Und — ach! — nur wenige der früheren Freiheiten, die den Seesport so schön machten, sind erhalten geblieben.

Was kann er dagegen tun? Er protestiert – wenn auch auf seine Weise. Dafür handelt er sich nicht nur Anerkennung ein: Frieda, sein Kahnweib, klagt darüber, daß er zuviel von seinem kargen Lohn in die SINDBAD stecke. Sein Segelverein sähe es am liebsten, wenn er seinen Kahn verkaufte, um sich dafür ausschließlich der (natürlich ehrenamtlichen!) Vereinsarbeit widmen zu können. Und Julchen, die Tochter, fordert keß, er solle sich mehr um die echten, großen Probleme der Menschheit kümmern, denn Segeln sei schließlich nicht das Maß aller Dinge.

Wenn GUSTAFS oft etwas schlecht gezielte Rundumschläge auch offensichtlich wenig zur Lösung der großen Probleme unserer Welt beitragen, erfüllen sie doch einen guten Zweck: Sie verschaffen ihm Luft! Und das macht ihn so menschlich – denken doch viele so wie er. Überdies ist seine Wasserwelt tatsächlich im Begriff, derart verbürokratisiert zu werden, daß sich Kritik — wenn sie unter die Haut gehen soll — kaum anders als sarkastisch überzeichnet darstellen läßt. So bleibt GUSTAF ein Schalk. Trotz allem ...

Der Verlag

Karlchen

Bei der Frage, welche zeitgeschichtliche Persönlichkeit der Seglerwelt ihn am meisten beeindruckt habe, braucht Gustaf nicht lange zu überlegen. Nicht Chichester, nicht Kpt. Schlimbach — nein: *Karlchen.*

Karlchen ist der jüngste Sproß seines Vereinskameraden Hinnerk, dessen MAASHOLM dicht neben der SINDBAD am gleichen Steg liegt. In der Familie wird Karlchen wegen seiner nicht zu überbietenden Begabung, Katastrophen, Seenotfälle und mütterliche Nervenzusammenbrüche zu inszenieren, „Hucke" genannt (frei nach Wilhelm Buschs unvergeßlichem Unglücksraben „Hans Huckebein"). Bei Fremden schätzt Hucke diese kumpelhafte Anrede jedoch nicht und besteht auf dem offiziellen „Karlchen".

Das enge Zusammenleben am Hafen bringt es mit sich, daß die Kinder ab und zu ausgetauscht werden. Julchen futtert am liebsten auf der MAASHOLM Lores Bordeintopf. Karlchen liebt dafür Friedas Rote Grütze und bewundert (und benutzt!) Gustafs Angelzeug. So ist es eben — was die eigenen Kinder nicht dürfen, wird fremden nachsichtig gestattet. Karlchen dankt für solcherart Zugeständnisse mit klebrigem Händedruck und inniger Zuneigung. Ansonsten ist er ein echter Kieler Buttje: ewig schmutzig, roter Stichelhaarschopf, 3. Schuljahr, Deutsch mangelhaft, trickreicher Dauerbenutzer des Familien-Optis, Nichtschwimmer und Schwimmwestenfeind. — Weil er dauernd in den Bach fällt, zählt er den halben Verein zu seinen „Paten" (wie er seine jeweiligen Lebensretter nennt). Pate heißt zugleich Eis-Spender, sooft er ihrer ansichtig wird. Lebensrettung verpflichtet!

Gustaf hält ihn für einen echten Horrortyp: Kaffeemuggen platzen, wenn er sie nur anschaut. Setzt er Teewasser auf, brennen sofort die Pantrygardinen. Schoten brechen, Fallen vertörnen, Segel reißen und Schäkel gehen baden, sobald Karlchen Hand an sie legt. Als er sich jüngst achteraus im Beiboot der SINDBAD schleppen ließ, verstand er den Knoten der Schleppleine so geschickt zu lösen, daß Gustaf sein (und des Dingis) Fehlen erst entdeckte, als beide fast am Horizont verschwunden waren. Seufz!

Ach, was haben Gustaf und Frieda nicht schon alles mit ihm erlebt! Manchmal hat er sie wirklich arg in Verlegenheit gebracht. So zum Beispiel als der Bundeskanzler während der Kieler Woche zum Segeln kam. Großer Bahnhof auf der Brücke mit viel Polizei, Prominenz und Publikum. Gustaf steht mit Karlchen in der vordersten Reihe. Trommelwirbel ... der Kanzler schreitet den Steg entlang. Ehrfürchtige Stille. Ein Polizeioffizier meldet ihm, die Hand am Mützenschirm.

Der Kanzler dankt gravitätisch mit der Rechten an der Prinz-Heinrich-Mütze. Da kreischt Karlchen mit einmal mitten in das feierliche Zeremoniell: „Sieh ma, Onkel Justaf — die zeigen sich beide 'nen Vogel!"

Ein anderes Mal hat Frieda die Aufsicht über Karlchen übernommen, weil die Eltern rasch nach Hause fahren müssen. „Paß bloß auf, daß er nicht zu Bach geht, ich habe ihn gerade frisch angetüdelt", sagt Lore, als sie ihn auf der SINDBAD abliefert. Sie hat ein Heft mitgebracht und was zum Schreiben. Hucke soll auf der SINDBAD seine Schularbeiten machen. Stöhn!

Kaum sind die Eltern weg, fragt er, ob er mal zum Kiosk dürfe. Nein, sagt Frieda und blickt auf die neuen Jeans und das strahlend weiße T-Shirt. — Pause. — Er muß aber mal dringend austreten. — Also gut, aber nur zum Hafenklo und dann sofort zurück.

Zehn Minuten vergehen, zwanzig Minuten vergehen. Frieda und Gustaf machen sich auf die Suche — der eine am nördlichen Hafenbecken, der andere am südlichen. — Nichts! Überall fragen sie, ob jemand Karlchen gesehen hat. Nee, der wäre ihnen bestimmt aufgefallen! Riesenaufregung. Ob man die Polizei verständigt? Was kann dem Kind bloß zugestoßen sein?

Als sie völlig verzweifelt zur SINDBAD zurückkehren, sitzt Karlchen im Cockpit — die Jeans mit grünem Schlamm überzogen und das weiße T-Shirt höchstens noch als Backschaftslappen zu gebrauchen. Karlchen hatte nicht das Hafenklo benutzt, sondern unterhalb der Brücke vom glitschigen Balken aus in die Förde gepinkelt. Dabei war er ausgerutscht, zwischen das Pfahlwerk gefallen und fast ersoffen. Als er sich endlich wieder an Land ziehen konnte, schämte er sich, in diesem Zustand bei Frieda zu erscheinen. Aber er fror in den nassen Klamotten so sehr, daß er dann doch den Rückmarsch vorzog. Zitter, zitter!!

Natürlich hatte er dabei keine Schwimmweste angelegt. Wie er überhaupt immer nur baden geht, wenn er die Weste nicht umhat. An fast allen Stellen des Yachthafens hat man ihn schon aus dem Wasser gezogen. Prügel, Tränen, Hafenverbot — nichts half. Auch das Benutzen des Optis haben sie ihm untersagt, solange er nicht schwimmen lernt. Aber immer ist, wenn er mal wieder gesucht wird, auch der Opti weg. Als Ausrede sagt er dann höchstens: „Ooch — ich hatte diesmal doch 'ne Weste um!“ Hinnerk und Gustaf stehen oft mit dem Kieker auf der Brücke und suchen das rote Segel auf der weiten Förde.

Wenn die Geschwister mit dem Opti unterwegs sind, frönt Karlchen seiner zweiten großen Leidenschaft: dem Radfahren. Läßt man ihn nur zwei Minuten aus den Augen — schon hat er sich so einen Chopper organisiert und übt Moto-Cross. Zweimal ist er dabei schon vor ein Auto gefallen, wobei die „geliehenen“ Räder nur noch Schrottwert hatten.

Aber das Schönste ist für ihn doch das Schippern im Opti. Er kann damit surfen, rückwärts segeln, kreiseln, ja sogar schreiben (was ihm auf dem Papier nur höchst unvollkommen gelingt). Nur *Schwimmen*, das lernt er nicht. Warum, weiß niemand. Es ist wohl so eine kleine Kieler Tragödie: Das blaue Fördewasser ist zu nah und verlockt zu sehr zum Segeln, als daß es sich durch blöde Exerzitien im chlorierten Hallenbad entweihen ließe. Vielleicht mal im Winter. Wenn nichts dazwischenkommt ...

Ja, ja — das Karlchen! Es wird seinen Weg schon machen. Ohne Schwimmen und Abitur, aber mit viel Schippern. Wie so manche seiner Segelfreunde auch. Und vielleicht schreibt ihm eines fernen Tages Petrus als höchstes Lob in das Zensurenbuch seines Lebens: „Schwach in Deutsch und Mathe, aber passionierter Segler!“

Saturday Night Fever

Gustaf hat sich schon lange gefragt, warum es donnerstags immer so nervös in ihm zuckt und kribbelt: a) im Gesäß und b) überhaupt. Wie so 'ne Art Muskelfieber. Freitags zuckt es noch stärker. Aber sobald er samstags seine SINDBAD besteigt, ist es weg. Batsch — weg! Ulkig, nöch?

Frieda hat sich über Gustafs Wochenend-Unruhe nie große Gedanken gemacht. Das ist wohl so 'n Männerkram, wovon sie nichts versteht. Nur Julchen fragt ihn neulich (ganz beiläufig, denn sie will den Skipper nicht mit ihren Insider-Tips aus der Disco-Szene in Rage bringen): „Vielleicht haste ja das *Saturday Night Fever*, Vati? Das kenne ich gut!"

Sätterdeh-Neiht-Fiewer? Was mag das nun wieder sein? Julchen erklärt es ihm mit größter Vorsicht und erzählt ihm was von Travolta, Discos und der großen Unruhe, von der die Jugend am Wochenende gepackt wird. Genau wie Gustaf. Nur anders.

Quatsch, sagt Gustaf vorsorglich. Was versteht die Göre schon von seinem Innenleben! Doch da läuft ihm im Yachthafen ein Eierkopf von der plüschologischen Fakultät übern Steg. Das ist eben das Gute an einer Universitätsstadt, daß man da immer Leute trifft, die schlauer sind als man selbst. Es ist zwar so ein greiser Twen im 14. Semester, dessen Haarwald oberhalb der Fontanelle bereits einen erheblichen Kahlschlag aufweist, aber immerhin. Dieser Bursche erklärt dem Skipper das Phänomen seiner allwöchentlichen Unruhe so populärwissenschaftlich wie möglich. Also:

a) *Warum im Gesäß?* Is doch klar – Segeln tut man mit dem Hintern. Dort sitzt das ganze Gefühl des Seglers. Dort spürt er zuerst die kleinen schralenden Püster, die er rechtzeitig durch geschicktes Abfallen pariert. Doch auch das Einfallen einer harten Bö ahnt sein sensibler Achtersteven vegetativ-unterschwellig, lange bevor es dem Drücker einfällt einzufallen. Na, und erst das Steuern nach Kompaß! Reine Gesäßarbeit! Durch die infolge vermehrter Krängung entstehende Gewichtsverlagerung registriert der Steiß schon Kursabweichungen von 5 Grad. Somit ist der Mors des Seglers Hauptorgan.

Das also zum rektalen Unterbewußtsein und den Hummeln im Mors. Nun aber zu b) *Warum zuckt Gustaf überhaupt?* Da muß der Psychofritze weiter ausholen. Er spricht von Seelenwanderung. Und von Karma, der schicksalhaften Urschuld, die einen krank macht. War Gustaf vielleicht in einem früheren Leben gar eine ägyptische Tempeltänzerin? So eine, die vor König Ramses begehrlich mit dem Hintern wackelte? Das würde Gustafs Zucken in den unteren Extremitäten logisch erklären: die Urschuld! Aber warum niemals am Sonnabend, wenn Gustaf auf die SINDBAD steigt? Hängt es mit dem Wasser zusammen — dem Element, das alles Leben schuf? Möglicherweise mampfte Gustaf vor Millionen Jahren schon mal als Saurier frische Schachtelhalme am Eckernförder Noor. Brachte er vielleicht vor Urzeiten als Ufo-Astronaut einen fremden Gott auf die Osterinsel? Oder was wäre, wenn er seine Seelenwanderung vor 6000 Jahren als sumerischer Bootsmann auf dem Tigris begonnen hätte? Wovon soll denn sonst wohl sein krankhaftes Wochenendfieber herrühren, wenn nicht von der verborgenen Sehnsucht nach den Wassern, Kähnen und dem Möwenschrei eines früheren Lebens?

Gustaf hört ganz nipp zu, wie der Kahle ihm das so verklart. Doch verstehen tut er davon rein nix. Wat liegt denn nu an — Seelenwanderung oder Disco-

Veitstanz? — Abends trifft er am Stammtisch Adje Puttfarken, einen alten Kollegen aus seiner früheren Firma. Der versteht was von Astrologie. Er fragt nach Gustafs Daten und weiß auch gleich eine Erklärung für dessen Zappeln. „Mönsch

Gustaf", sagt er, „große Schiete im 12. Haus! Mann — wie verquer bei dir Pluto, Sonne und Saturn zueinanderstehen! Ick will di mol wat seggn: Du segelst aus krankhaftem Ehrgeiz! Und damit machst du dich kaputt. Hör blots mit das Seil'n op, sonst wirst du eines Tages bestimmt vom Großbaum erschlagen. Wenn nicht von noch wat Schlimmerem! Du spürst dat all in de Knochens. Daher dat Kribbeln."

So, nun hat er sein Fett weg, der Gustaf. Und auch Erklärungen „satt". Darum ärgert er sich echt, als Julchen mit einer neuen Theorie von der Schule nach Hause kommt und schon von weitem ruft: „Jetzt hab ich's, Vati — der *Urschrei*! Den haben wir heute durchgenommen. Versuch's doch mal damit! Unser Lehrer sagt, der Urschrei dringt aus der Tiefe der menschlichen Seele und reißt alle Ängste und Beklemmungen mit sich. Wir sollen ihn alle zu Hause üben, den Urschrei. Der baut alle Aggressionen ab. Auch deine, Vati! *Juhuuuuh!!!*"

Gustaf haut die Tür zu. Hinter sich natürlich. Karma, Seelenwanderung, Sätterdeh-Dings und nun noch dieses Urgebrüll! Dagegen ist dat büschen Freitagskribbeln doch 'n Klacks. Und er beschließt, weiter zu zucken. Denn der Samstag ist ja nicht mehr fern.

Die Hafenbande

Julchen hat ihren Skipper neulich einen „fiesen Chauvie" genannt, als er sich mal wieder über die Lümmels am Nachbarsteg aufregte. Sie feierten irgendeine Bordfete und warfen sich dabei gegenseitig laut kreischend ins Hafenbecken.

Gustaf nennt sie nur „die Bande" und wünscht sie alle zum Teufel samt ihren langen Haaren und dem Punk-Getue. Es ist eine Clique, zu der zwei H-Jollen mit ihren Piepels gehören und eine zur Motoryacht umgebaute Marinebarkaß. Die Burschen unternehmen alles gemeinsam, ihre Reisen, ihre Feiern und ihre Streiche. Besonders diese! Gustaf glaubt, sie stehlen auch Katzen und kleine Kinder, und er macht sie für alle Einbrüche im Hafen verantwortlich (wer soviel Haare im Gesicht hat ...!). Nur darf Julchen das nicht hören, denn dann wird sie kiebig und nennt ihn einen Spießer, der kein Verständnis für die Jugend hat.

Übers Wochenende ist die SINDBAD nach Damp gesegelt, weil in Strande und Schilksee neuerdings Gästeplätze knapper sind als Sonnentage im Juli. Damp ... na, ja — man liegt dort gut und sicher, und alles wirkt recht gepflegt. Auch die Preise. Wenn nur der Lärm nicht wäre! Als Gustaf sich mal unverbindlich nach den Störenfrieden umsieht, hat er gleich wieder Scheuerpulver in der Stimme: Natürlich, dachte er sich's doch gleich — die Hafenbande mit ihren Segel-Groupies!

Breitbeinig steht Gustaf auf der Pier. Er ähnelt dabei dem Colleoni auf seinem Streitroß in Venedig. Und er erhebt drohend Faust und Stimme. Euch werde ich es zeigen! Ihr sollt mich noch kennenlernen! High-noon-Stimmung vor der Damper Betonkulisse. Fast wie im Kino.

Frieda tröstet ihn, und Julchen sagt auch nicht mehr „Chauvie". Am nächsten Morgen wirft er zeitig die Leinen los. Nur weg von hier! Er macht einen Schlag in die Eckernförder Bucht und ankert zu Mittag vor Surendorf. Zur Kaffeezeit macht er sich auf den Nachhauseweg. Immer hübsch unter Land und bei Bülk knarsch um die Ecke. „Brumm bloß nicht auf", sagt Frieda ängstlich. Gustaf schüttelt den Kopf: Quatsch!

Als er gerade nachrechnet, wie oft er wohl schon heil diese Kurve gekratzt hat — 300mal? 400mal? —, macht die SINDBAD einen kleinen Rumpler, so als sei sie über einen Sandbuckel geschrammt. „Siehste!" ruft Julchen. — Gustaf peilt die Lage: Die Untiefentonne Bülk Ost liegt querab an Backbord, der Abstand zum Land beträgt 200 Meter. Büschen knapp diesmal. Aber da sitzt die SINDBAD schon auf den Steinen. Er hat das Niedrigwasser nicht einkalkuliert und kann sich nun zu allem Ärger auch noch das Gequarre seiner Weibsen anhören: „Hättste bloß ...!"

Draußen fahren eine Menge Schiffe vorbei. Aber viel zu weit weg, um helfen zu können. Gustaf steigt außenbords und versucht zu schieben und zu drücken. Vorwärts, rückwärts — alles umsonst. Der Steingrund hält fest, was er hat. Mann in de Tünn — die Dünung ist schwach, aber wenn es aufbrist, mag es böse aussehen. Wenn nur jemand vorbeikommen würde. Doch nichts passiert.

Eine Stunde ist vergangen. Da krächzt Julchen plötzlich: „Sieh mal, Vati, wer da kommt — deine Intimfeinde!" Richtig — um die Ecke tuckert ein Schleppzug. Vorweg die blaue Barkaß, am Tampen die beiden Jollen. Die Groupies an Deck quietschen und juchzen.

Angewidert wendet Gustaf sich ab. Lieber vor Bülk versaufen als ... Aber da hat Julchen schon gewinkt. Die Barkaß schert auf sie zu. Auf zwei Meter Wassertiefe dreht sie bei; die Jollen machen los, die Burschen schwingen ihre Stechpaddel und kommen bei Gustaf längsseit. „Schipper, wat is? Wollt ihr hier Radieschen pflanzen?"

Gustaf will gerade explodieren, da sagt Julchen ganz fromm: „Mönsch, könnt ihr uns nicht abschleppen?" Die Maaten grinsen. Einer springt ins Wasser und versucht rückwärts zu schieben. „Nee", sagt er zu Gustaf, „dat geiht nich. Mok man de Lien klor. Wie sleppt dwars." Es ist der Kleine, der das sagt. Er ist im Gesicht völlig zugewachsen und hat einen Goldknopf im rechten Ohr. Wie ein Steiff-Affe, denkt Gustaf und reicht ihm seine Schlepptrosse wortlos zu.

Der Steiff-Affe klettert an Deck, schlägt mit dem Tampen einen Palstek um den Mast und heißt die Schlinge an einem Fall bis zur Saling vor — fachmännisch, wie Gustaf es nicht besser machen könnte. Dann schickt er die andere Jolle zur Barkaß, um eine zweite Trosse zu holen. Die stecken sie mit einem doppelten Schotstek korrekt an Gustafs Ende, binden die Jollen bei der SINDBAD an, hängen sich zu dritt ins Want und rufen „Törn to!" zur Barkaß rüber. Die Barkaß dreht auf, die Trossen kommen steif und krängen die SINDBAD bis zum Schandeck weg.

Die Frauen sind unter Deck geflüchtet. Gustaf steht am Ruder, fürchtet um seinen Mast und fühlt sich (mit Recht) völlig überflüssig. Doch da rumpelt es schon: Rums, rums, rums —! Und schon ist die SINDBAD querschiffs über die Klamotten gezerrt und schwimmt aufrecht im tiefen Wasser. Ehe er sich versieht, hat er seine Trosse wieder an Deck. „Tschüs Schipper, und gute Reise!" Weg sind sie. Er hat nicht mal mehr Dankeschön sagen können.

Julchen erscheint kampfbereit im Niedergang — eine kleine, zürnende Nemesis. „Wink ihnen wenigstens zu, wenn du dich schon nicht bedankst", sagt sie giftig. Und Frieda flötet aus dem Hintergrund: „So nette junge Leute! Man hätte ihnen vielleicht Kaffee anbieten sollen."

Gustaf fühlt sich verunsichert wie nie zuvor in seinem Leben. Der Kleine, der Affe — wie fix der den Palstek unter der Saling hatte. Und das Abbergen — einfach 'ne Wucht. Echt gekonnt! Ob er die

Kerle mal zu einem Bordschnaps einlädt? Oder ob er da erst Coca Cola besorgen muß? — Sie werden ja wohl kein Ungeziefer mitbringen. Wer weiß. Bei soviel Haar!!! Na — brauch' ja nich' gleich morgen zu sein.

Merke: Der Sport rührt an die besten Seiten des Menschenherzens. (Irina Rodnina, Eiskunstlauf-Weltmeisterin)

Aalregatta

Für Regatten hat Gustaf bekanntlich nicht viel übrig. Und schon gar nicht für das alljährliche Open-Air-Festival der Kieler Woche, weil er da seinen angestammten Liegeplatz für die auswärtigen Gäste freimachen muß. Muß? *Müßte* — denn Gott sei Dank gibt es ja noch die Eckernförder Aalregatta. Und Frieda, die ihn darauf gebracht hat. Wat'n Glück, solch Weib zu haben: ein Teppichklopfer mit Blumen garniert!

Frieda hat am Regattieren natürlich nicht mehr Interesse als eine Makrele am Radfahren. Aber an SINDBADS Liegeplatz im Alten Olympiahafen, daran liegt ihr viel. Da pulsiert jedes Jahr eine Woche lang das Herz der Hautwoleh. Und Frieda möchte um keinen Preis das erhebende Gefühl missen, einmal im Jahr mitten unter den Großen dieser Welt zu leben. Wenn auch nur für eine Woche, aber doch sozusagen „von Steg zu Steg" dabei zu sein, wenn die Krupps den Flicks zurufen, daß man sich abends mit König Konstantin im „Mastenkeller" zum *après*-Schoppen trifft.

Alle Bundespräsidenten hat sie auf dem Steg erlebt; die Kanzler — soweit seefest — auch; Diplomaten, Potentaten, *demi monde* und *tout le monde*. Es gab nichts, was es nicht gibt. Eine herrliche Welt — viel schöner und bunter als in Friedas Illustrierten. Ja, und deshalb hat sie Gustaf gesagt, er soll die SINDBAD zur Aalregatta melden.

Die Aalregatta hat ihren Namen von den Eckernförder Räucheraalen, die den Teilnehmern früher als Souvenirs wie Südsee-Blumenkränze um den Hals gehängt wurden. Eine hübsche Sitte, aber leider längst abgeschafft. Was blieb, ist der prosaische Name „Kiel-Eckernförde-Wettfahrt".

So spült Gustaf also einmal im Jahr seine Abneigung gegen Schnellsegler und Formelschinder mit Flensburger Köm runter und meldet die dicke SINDBAD für *„einmal Eckernförde und zurück"*. Alles okay! Er behält dadurch als „Wettfahrtteilnehmer“ seinen Liegeplatz. Frieda bleibt im vollen Genuß ihrer Proszeniumsloge im Cockpit der SINDBAD während der närrischen Kieler Tage. Und die Veranstalter können statt 427 Teilnehmern 428 in ihr Programm aufnehmen. Masse wiegt!

Die Wettfahrtleitung kneift ein Auge zu wegen Gustafs fehlendem Meßbrief. Und Gustaf verspricht — wie jedes Jahr — ihn nachzureichen. Dabei bleibt es dann, denn preisträchtig ist die SINDBAD ohnehin nicht.

Hauptsache ist, sie durchläuft die Ziellinie nicht allzulange nach dem Feld, denn Warten macht die Zielrichter sauer. Leider hat es damit mitunter gewisse Schwierigkeiten, denn SINDBADS Körperbau und Gustafs Renninstinkte setzen einem raschen Zieldurchgang oft enge Grenzen. Auch versteht der Skipper von den Wettfahrtregeln nicht mehr als ein Starboot-Segler vom Reffen. Also rein nix. Da er sich aber stets klar achteraus in Sichtweite des Feldes und dazu auch streng an die Seestraßenordnung hält, hat es bisher niemals Zoff mit ihm gegeben. Nur eben, es dauert manchmal etwas länger, bis er die Linie passiert. Und einoder zweimal ist das Zielschiff auch schon ankerauf gegangen, weil Gustaf am Horizont in der Abendflaute hängen blieb.

Doch ist das nicht die Regel, denn meistens rettet ihn Auguste. Ach so, Auguste! Ja, das ist sein geliebter und wie ein Augapfel gehüteter Mehrzweck-Spinnakerkreuzballon. Ursprünglich war er mal die aus zweiter Hand gekaufte und durch brutale Behandlung reichlich ausgebeulte Genua einer 6-m-R-Yacht. Aber Gustaf entwickelte eine Methode, SINDBAD damit 5 Strich an den Wind zu bringen. Na, und höher läuft der Pott mit seinem leicht birnenförmig ausgelegten Unterwasserschiff ohnehin nicht. Dafür aber holt Auguste (dank des ihr angetrimmten Bauches!) bei halbem Wind 6 Knoten Marschfahrt aus der SINDBAD heraus. Ganz zu schweigen von ihrer unübertroffenen Flexibilität, die sie bei achterlicher Brise zur Entfaltung bringt: Dann baumt der Skipper die alte Tüte mit einem langen Bootshaken zu einem Superspinnaker aus, und — huii! — ab geht's mit satten sieben Knoten Rumpfgeschwindigkeit in Richtung Eckernförde.

Bei solchen Gelegenheiten fragt Gustaf sich, wozu diese Schnellsegler eigentlich 20 oder gar 30 verschiedene Spezialsegel brauchen. Die SINDBAD tut es doch ohne Doppel-Booster fast ebensogut, und sie braucht auch keinen Blooper und keinen Starcut. Sie braucht nicht mal Mannschaft: Wenn sie unter der ausgebaumten Auguste über den Stollergrund torkelt, kann Frieda unter Deck ruhig in der Koje vor sich hinstöhnen, während Julchen die Angel außenbords hängt — Gustaf regiert das ganze Geschehen spielend mit links. Und solange er voraus am Horizont den Letzten des Feldes noch mit bloßem Auge erkennen kann, fühlt er sich auch nicht abgehängt. Von den Großen dieser Welt.

Und er ruft seinem (wie immer bei achterlichem Wind) von der Seekrankheit arg gebeutelten Kahnweib aufmunternd zu: „Lot man, Olsch, heute abend schläfst du dafür vielleicht neben Berthold Beitz."

In Eckernförde kommt es dann natürlich ganz anders: Da der Yachthafen mit großen Pötten total verstopft ist, muß die SINDBAD zum Handelshafen verholen. Dort liegt man dann im Fünferpäckchen an der Pier und kriegt nachts kein Auge zu. Berthold Beitz und König Konstantin sind nicht mitgesegelt. Und Aale gibt's natürlich auch nicht. Aber schön war's doch, denn dabeisein ist alles! Oder —?

Na ja: Der gerettete Liegeplatz im Alten Olympiahafen, an den man am nächsten Morgen zurückkehrt, zählt schließlich auch mit.

Emma

„Sieh mal, Vati, die da kuckt immer her!" — Julchens Zeigefinger wies nach achtern in den grauverhangenen Fördehimmel. „Quatsch!" brummte Gustaf. Wer sollte schon hersehen? Und wenn schon. Er war weder nackt noch betrunken, also was gab's da auf der SINDBAD zu sehen? — „Na, die Möwe dort, auf dem Pfahl!" sagte Julchen. „Ob ich die mal füttere?"

„Blots dat nich!" Gustaf haßt Möwen; dauernd sch ... machten sie ihm auf die blaue Persenning; und dann das Geschrei am Morgen. Nee, goh mi af mit de Beesters! Sie waren noch schlimmer als Tauben, aber die konnte man wenigstens unterscheiden. Doch diese Möwen? Eine sah aus wie die andere: weißer Balg mit gelben Füßen und schwarzen Knopfaugen.

Die Möwe hockte auf dem Pfahl im Strander Yachthafen, an dem die SINDBAD ihre Achterleine festgemacht hatte. Sie hatte ein Bein angezogen und jaulte „Gie jäh", was in der Möwensprache so viel bedeutet wie „Mir knurrt der Magen". — „Sieh doch mal, Vati, wie schön sie ist! Sie hat silberne Flügel mit schwarzen Rändern — ein Altvogel! Die jungen Silbermöwen sind reinweiß."

Julchen holte eine Scheibe Brot aus der Pantry und warf einen Brocken davon in die Luft. — Die Möwe machte einen kleinen Hüpfer und schnappte sich das Brotstück im Flug. Dabei sah man, daß sie einen grauen Fleck auf ihrer weißen Brust hatte.

„Haste den Fleck gesehen, Käptn?" fragte Julchen. „Und du sagst immer, die sehen alle gleich aus. Stimmt ja gar nicht! Diese hier hat einen Fleck auf der Brust.

Daran kann ich sie wiedererkennen." Und sie warf ihr weitere Brocken zu, die sie im Flug fing. „Ob sie uns mag? Ich taufe sie ‚Emma' — und füttere sie jetzt regelmäßig."

Gustaf schüttelte den Kopf. Ausgerechnet „Emma"! Und wenn es ein Möwerich war? — Er dachte zurück an die Tage, als die Fischer vom Fang heimkehrten und beim Einlaufen in Strande ganze Wolken silbergrauer, kreischender Möwenschwärme hinter sich herzogen. Der Himmel war voll von ihnen, und ihr Geschrei füllte die Strander Bucht von Bülk bis Schilksee. Doch das war längst vorbei. Die Fische waren fort, die Fischer ausgestorben oder abgewandert; kein Fischhändler kam mehr mit seinem Karren voll frischgeräucherter, aufgeklappter Makrelenfilets zum Strander Hafen. In Schilksee war das Ufer einer Skyline aus Beton gewichen; in Strande waren selbst die Kratscher (Taschenkrebse, die die lütten Gören begeistert mit ihren Steinangeln fischten) und die Knurrhähne (für Fortgeschrittene) selten geworden. Was sollten die Möwen dort noch?

Wie die Fischer waren auch sie abgewandert. Aus Meeresbewohnern waren Quiddjes, Binnenländer, geworden, die sich auf qualmenden, stinkenden Müllkippen um Küchenabfälle stritten oder auf frisch gepflügten Äckern nach Regenwürmern und Engerlingen pickten. Pfui!

Warum Julchens Emma die Küste nicht verlassen hatte? Vielleicht war sie zu alt für einen Ortswechsel. Oder ein Wasser-Fan wie Gustaf. Wer weiß? Was auch immer der Grund sein mochte — sie war in Strande geblieben. Fing im Hafen mal einen Kratscher oder einen toten Weißfisch. Flog auch mal ein Stück aufs Meer, um zu sehen, ob dort was auf dem Wasser trieb. Aber meistens erwartete sie auf einem Pfahl die einlaufenden Yachten, denn das wußte sie: Menschen an Bord bedeuten Essen.

Als die SINDBAD am nächsten Wochenende wieder in Strande einlief, saß Emma schon auf ihrem Pfahl und peilte Julchen an. Das Mädchen brauchte keine Stunde (und die Hälfte von Friedas mitgebrachten Brötchen), bis Emma die Brokken im Flug aus der Hand schnappte — flink, geschickt und sehr zart. Am darauffolgenden Wochenende übte Julchen das Fütterungsritual so lange mit einer zwischen den Zähnen gehaltenen Brotscheibe, bis Emma ihr in raschem Vorbeiflug die Brocken sogar aus dem Mund pickte. Ach, dachte Julchen, wie schön wäre es doch, eine Silbermöwe zu sein!

Klar, daß in diesem Sommer nur noch nach Strande gesegelt wurde. Frieda sammelte zu Hause immer schon Brotreste. Und auch Gustaf fand Spaß an der Sache, wenn er es auch nie zugegeben hätte. (Möwen füttern — wat'n Quatsch!) Aber er war richtig stolz, daß die Leute auf der Pier begeistert klatschten, wenn der Vogel mit dem grauen Fleck seinem Julchen aus dem Mund fraß. Einmal fotografierte er das sogar. Das Bild hängt heute noch über Julchens Bett.

Der Herbst kam mit Sturm und Regen. Der Winter folgte mit Eis und Schneetreiben. — Strande und Emma waren fast vergessen. Aber wie groß war das Erstaunen, als ihr erster Törn sie zu Ostern nach Strande führte und Emma dort schon auf sie wartete — auf dem alten Pfahl hockend und mit blanken Knopfaugen nach SINDBADS Cockpit schielend.

Julchen nahm die Brotscheibe in den Mund, Emma schrie „Gie jäh", schlug mit den Flügeln und hüpfte auf dem Pfahl mehrmals in die Höhe. Aber sie kam nicht näher. Sie fischte zugeworfenes Brot aus dem Wasser; aber sie fing es nicht mehr im Flug und pickte es auch nicht im Vorbeiflug aus Julchens Mund. Was mochte sie haben? War sie krank? Oder gar zu alt geworden für solchen Kinderkram? — Julchen war traurig und Frieda auch. Selbst dem Skipper fehlte irgend etwas.

Am 1. Mai waren sie wieder in Strande. Keine Emma wartete auf sie. Julchen rief „Emma! Emma!!" und warf Brotstückchen in die Höhe. Andere Möwen kamen, aber keine Emma. Später ging sie mit der Mutter auf der Mole spazieren. Beim Rettungsring am DLRG-Mast sahen sie in einer Nische der eisernen Spundwand eine Möwe hocken. Sie saß dort regungslos, den Kopf der Eisenwand zugekehrt und ohne ihre Umwelt zu beachten. Als Julchen auf sie zuging, wich sie vor ihr aus. Sie hatte einen grauen Fleck auf der Brust.

„Emma!" rief Julchen. Aber Emma antwortete nicht mit ihrem „Gie Jäh". Vielleicht war sie dem Möwenhimmel schon so nahe, daß sie die Erinnerung an Julchens Futterkunststücke verloren hatte. Julchen warf ihr einen Brocken vor den Schnabel, aber Emma ließ ihn unbeachtet. Sie saß einfach so da, starrte gegen die Spundwand und wartete auf etwas. Sie wartete am Mittag, den Nachmittag über und am Abend bis zum Einbruch der Dunkelheit.

„Stör sie nicht", sagte Gustaf, „sie will sterben. Sie wartet auf den Tod." Julchen schluckte. Sie hatte immer schon wissen wollen, wie Möwen sterben. Nun wußte sie es. Es war nicht heroisch. Und auch nicht episch verklärt wie bei der Möwe „Jonathan" im Buch von Richard

Bach. Nein, es war ein schmutziger, gemeiner Hafentod. Sie war froh, keine Möwe zu sein.

Merke. O Mensch, du wirst nie nebenbei der Möwe Flug erreichen. Wofern du Emma heißest, sei zufrieden, ihr zu gleichen. (Chr. Morgenstern, Möwenlied)

Ketten-Reaktion

Gustaf gilt unter Klubkameraden als unbestrittene Autorität in allen seemännischen Fragen. „Zuverlässig wie ein Starfighter", sagt Heini, nicht ganz frei von Häme. Aber Gustaf faßt das als Kompliment auf.

Und weil er so hochgeachtet ist, holt man ihn oft, wenn man Hilfe braucht. So auch im vergangenen Frühjahr. Da wollte Hauke Blohm seinen 9-m-Seekreuzer von Italien nach Jugoslawien überführen, und Gustaf sollte ihm dabei helfen. Oswin würde auch mitkommen, eine reine Männersache. Hauke zahlte alles — Anreise, Kost und Logis.

Zu so etwas läßt Gustaf sich nicht zweimal auffordern. Tschüs Olsch, Tschüs Jule! Sonnabend mittag treffen sie in Grado ein, wo der Kahn liegt. Einräumen, Seeklarmachen, Tanken, Ausklarieren geht ruckzuck. Von Grado bis Portoroz ist es nur ein Sprung. Am nächsten Tag daddeln sie die istrische Küste südwärts, schlagen einen großen Bogen um die streng abgeschirmte Schatzinsel Brioni und liegen zur Nacht in Pula. Tags darauf umrunden sie Kap Kamenjak an der Südspitze Istriens und schippern bei flotter Brise die 40 Meilen bis Rabac. Am nächsten Abend wollen sie dann in Rijeka sein, wo das Boot liegen bleibt.

Als sie im Binnenhafen von Rabac eine Ehrenrunde drehen, um sich nach einem guten Ankerplatz umzusehen, winkt ihnen von der Kaimauer ein Deutscher zu: Hier, neben seinem Schiff ist noch Platz! Gustaf schiebt den Kahn in die Lücke und gibt eine Leine an Land. Dann geht er mit der Maschine rückwärts, um den Heckanker auszubringen. „Nicht so weit draußen", brüllt der Landsmann, „da liegt eine Kette auf Grund!" Scheißkette, denkt Gustaf. Er setzt die Yacht nur kurz zurück und gibt den Danforth übers Heck. Es ist ja ruhiges Wetter. Der Anker wird schon halten.

Abends klönen sie von Bord zu Bord mit dem Nachbarn, einem Kölner. Über die Grundkette. „Jung", sagt der Kölner, „dat es velleich en Ding!" Und er erzählt,

wie viele Leute da schon mit ihren Ankern festgehakt sind. Da hilft nur Tauchen oder Ankerslippen. Reine Schikane der Jugos. Blödsinn, so 'ne Kette mitten im Hafen. Ja, das findet Gustaf auch und legt sich schlafen.

Zwei Stunden später pfeift es im Rigg. Gustaf kommt das Geräusch bekannt vor — Wind! Aber hier und ausgerechnet zur Nacht? Doch da hört er es schon auf den Schiffen rumoren. Alle Mann an Deck! Es ist die *Bora*. Sie faucht urplötzlich von Nordosten her über die Bergketten der Insel Cres und schaufelt im Kvarner-Sund kurze, steile Brecher auf, deren Rundläufer bis in den Hafen dringen. Grober Schwell läßt die Schiffe mit schlierenden Ankern seitwärts driften. Holz knirscht gegen Plastik. Fender gehen baden.

Die kleineren Yachten werden an die Pier gequetscht. Nur eine große Yawl hält das Heck frei vom Bollwerk, denn ihr Anker hängt sturmsicher hinter der dicken Hafenkette. Gustaf greift sich das Schlauchboot des Kölners und fährt den Reservegrabbel — einen schweren Stockanker — 40 Meter weit aus. Der hält jetzt. Und zwar nicht nur ihren Kahn, sondern auch den Kölner und dessen Nebenmann.

Darum also die Grundkette!, denkt Gustaf und schämt sich ein wenig, weil er sie zuvor „Scheißkette" genannt hat. Gar nicht so dumm, das Ding. Aber wie kriegen sie bloß ihren Anker wieder an Deck?

Nun, das ist kein Problem. Ihnen helfen beim Auslaufen ein paar braunhäutige Fischerburschen mit Schnorcheln und Schwimmflossen, die sich offenbar auf so etwas spezialisiert haben. „Dat sin dä fiese Kääls von de Jrappeljängk", sagt der Kölner. Gustaf rät richtig, daß damit die sogenannten Ankerhaie (Grabbel-Gang) gemeint sind, die überall in mediterranen Gewässern dort auftauchen, wo es etwas zu verdienen gibt.

Hauke zahlt murrend 100 Mark. Und Gustaf hat was dazugelernt: Vorsicht bei Häfen mit Grundketten — sie sind nicht gegen jeden Wind geschützt. Wenn schon dort ankern, dann *hinter* der Kette und mit einem Stockanker. Und einen Schwerpunktschäkel am Ankerkreuz befestigen mit langer, starker Trippleine und einer Boje dran, mit der man die Ankerflunke unter der Grundkette herausziehen kann!

Merke: Mut ist oft nur ein Mangel an Umsicht, während Feigheit nicht selten auf guten Informationen beruht. (Peter Ustinow, Genie)

Happy Sailing

Wenn Gustaf im Frühsommer der heimische Regattatrubel zu sehr auf den Geist geht, macht er immer zwei Wochen Urlaub, um solcherlei Ungemach zu entfleuchen. In diesem Jahr segelt er mit Frieda via Smaalands Fahrwasser in den Öresund und besucht die Insel Ven. Danach landet er im dänischen Helsingör, wo Frieda ein paar Tage liegenbleiben möchte, um sich Schloß Kronborg mal in Ruhe anzusehen. Ihm soll's recht sein, auch wenn die 200 Liegeplätze des Nordhafens meist mehr als belegt sind.

Abends laufen sie ein; Hafenmeister Enne Ebsen winkt ab, weist sie dann aber doch in das letzte freie Loch an Steg 8 ein: Der Hafen ist voll! Denkste — am nächsten Morgen kommt ein Schiff nach dem anderen hinzu. Sie machen neben-, hinter- und übereinander fest. Gegen Mittag sind es an die 1000. Man kann trockenen Fußes quer über den Hafen gehen. Und bis zum Abend gesellen sich noch 800 weitere dazu. Das macht mit den Einheimischen rund 2000.

Gustaf hat herausbekommen, was sich dort abspielt: Helsingör ist Startplatz für die jährliche Wäscheschau „Sjaelland Rundt". 1820 Boote haben diesmal zur „größten Regatta der Welt" gemeldet. Morgen früh geht's los, Mann in de Tünn! Doch für eine Flucht ist es zu spät — der vollgeknallte Hafen hält die SINDBAD bis zum Start fest. Die drangvolle Enge im Pariser Nobelfriedhof Père Lachaise ist nix dagegen: Der Skipper fühlt sich hier eher wie ein Salzhering im Pökelfaß.

Neben ihm quetscht eine VINDÖ 50 aus Vänersborg SINDBADS Fender breit. Der schwedische Käptn will die Regatta um Seeland mitsegeln. Warum, will Gustaf wissen; in Westschweden ist es doch viel schöner. Ach, meint der Schwede, wenn der Vänersee nicht so stinken würde! Noch ein Jahr, dann kippt er vollends um — wenn Sie wissen, was ich meine . . .! Der Gelcoat seiner Außenhaut ist schon ganz zerfressen.

Obgleich der Nachbar gut deutsch spricht, versteht Gustaf nichts. Wieso kippt der Vänern um, und weshalb kreidet die Außenhaut? Da sind doch keine Fabriken und nur wenige Ortschaften! — Nee, sagt der Schwede, das macht der „Saure Regen"; Schwefeldioxyd aus den Fabrikschornsteinen verbindet sich mit den Wolken zu Schwefelsäure. Und eben diese rieselt mit dem Südwestwind als „Saurer Regen" nieder. Aber *woher* denn?, grunzt Gustaf ungläubig. — Na, aus Deutschland natürlich; ein Gruß der Industrie an Skandinavien.

Düvel ok! Gustaf denkt noch darüber nach, da macht es „bums". Der brandneue Admiral's-Cupper, der an seinem Heck festgemacht hat, fühlt sich vom

Hafenschwell veranlaßt, seinen Stevenbeschlag in SINDBADS Mors zu bohren. Gustaf eilt nach achtern. Auch das noch — ein deutsches Boot! Frisch vom Skagen-Race zurück und jetzt auf neuer Trophäenjagd. Da an Bord alles zu pennen scheint, klopft Gustaf aufs Deck und ruft nach dem Skipper. Der naht flugs, stopft einen Kissenfender in die Nahtstelle und macht Honneurs: Gestatten — Meier aus Essen, von der PÜTT IV. Und gleich danach fragt er, wo denn hier die Tö wäre. „Töh ...?" Gustaf muß passen, nie gehört. Na, das Schiethus, drängt der Essener und tritt von einem Bein aufs andere. — Gustaf zeigt mit dem Daumen zur Südecke des Hafens, wo die Bude steht. Aber es ist unmöglich, über 100 Yachten hinweg an Land zu klettern. Außerdem stehen vor dem Klo schon 30 Mann Schlange. „Denn schiet man an Bord", rät er dem Afterlieger. Der Essener druckst herum. Geht leider nicht, sagt er, die Tö wurde aus Gewichtsgründen ausgebaut, und der Raum dient jetzt als Segelkammer. Ob er nicht mal eben bei Gustaf ...

Dem verschlägts die Sprache, und er hustet erschrocken, als habe er soeben Udo Lindenberg im Kirchenchor entdeckt. Wenn der Rest der Cupper-Crew nun auch ... „Nee, nee", begöscht ihn der Essener, „die pennen alle noch bis Mittag." Und er fragt, ob Gustaf mal kucken möchte? Warum nicht, meint dieser und besteigt vorsichtig die silikonvergossenen Pseudonähte des leicht federnden Sandwichdecks, stolpert über 20 Winschen und Berge von Strippen und blickt sodann ins Innere des AC-Renners. Welch ein Anblick: 10 schnarchende Kerle hängen in 10 Leinwandröhren rechts und links an kahlen Wänden. Kein Schott, kein Tisch, keine Pantry. Etwas Ungemütlicheres sah Gustaf nie zuvor. Der Kahn wirkt weniger komfortabel als eine Ausnüchterungszelle. Und der Männermief treibt ihm fast die Tränen ins Gesicht.

Warum er das denn bloß mitmacht, fragt er den Essener. Och, sagt der, mal raus aus dem Kohlenpott und die Wäsche ordentlich lüften. Is dat nix? „Aber wieso?" will Gustaf wissen. „Wenn euer Schwefelgestank nach Schweden abwandert, dann muß die Luft am Baldeneysee doch nach Chanel Nr. 5 duften." — „Schön wär's", sagt der Essener, „unser See ist der reinste Jungbrunnen: einen Schluck trinken, und du wirst nicht alt. Und in der Villa Hügel hat die Schwefelsäure bereits den Marmor in Gips verwandelt und der Sandsteinbüste des alten Krupp die halbe Nase weggefressen." Mannomann, denkt Gustaf und versteht jetzt, daß der Essener die Kattegatluft immer noch besser findet als seinen Hausgestank.

Und er fragt ihn besorgt — mal ehrlich, Leute — ist das denn noch Häppie Sehlink? Ohne Klo und Pantry in Leinwandschläuchen um Skagen reeßen, nur um dem Schicksal von Krupps Nase zu entgehen. Um dafür dann an Schwedens Gestaden Kohlenpottluft zu inhalieren. Oder im Schwarm einiger Tausend fanatischer Yachties auf 1820 Booten in 40 Stunden Seeland zu umschiffen.

Der Essener weiß darauf keine Antwort. Deshalb fragt Gustaf, als er wieder in Kiel ist, Freund Heini. Der war gerade im Kino und weiß genau Bescheid „Häppie Sehlink?“ sagt Heini. „Nee, eher ‚Apocalypse now‘“. Aber *so* schlimm findet der stets zur Mäßigung (!) neigende Gustaf das nun doch nicht. Schließlich braucht man ja nicht unbedingt auf dem Baldeneysee zu segeln. Oder gar am Vänern. Es gibt ja noch die liebliche, blaue Kieler Förde. Büschen voll zwar, aber direkt vor der Haustür. Und auf der Gedenktafel vorm Klubhaus hat Krupps Nase nur ein wenig Grünspan angesetzt. Aber die ist ja auch aus echter Bronze!

Merke: Die Hölle, das sind die anderen. (J. P. Sartre)

Rabatz im Hafen

Die Einfahrt in die Stegsvig am Nordende vom Alsen-Sund ist nicht einfach zu finden. Kenner wissen, daß man zunächst auf das Bauernhaus mit dem roten Dach zuhalten muß, bis die schmale ausgeprickte Rinne plötzlich vor einem auftaucht. Aber Gustaf verrät diesen Ansteuerungstrick nur guten Freunden, denn er ist froh, wenn möglichst viele Leute daran vorbeifahren.

Hat man die versteckte Einfahrt aber gefunden, dann ist es nur noch ein Sprung bis Dyvig, am Nordost-Zipfel der Stegsvig. Gustaf hält diese Ecke für ein Stück vom Paradies und ankert gern mal eine Nacht in der stillen Dy-Bucht zwischen dem Seglerhafen und der Kro-Brücke.

Doch wie sich die Zeiten ändern: Damals, als Julchen gerade laufen gelernt hatte, ruderte sie mit Gustafs Dingi auf der Bucht umher — zusammen mit einer Horde anderer Minikapitäne. Als sie dann schwimmen konnte, wurde das Dingi aufgeriggt — zuerst mit einem Lappen in Handtuchgröße, später mit einem Opti-Segel. Damit schipperten sie und die anderen Gören begeistert um die Wette, und alles war friedlich und schön; nirgendwo waren die Abende romantischer als in der Dy-Bucht.

Doch das ist alles längst vorbei. Julchen geht zum Rocken in den Kro; die SINDBAD ankert nicht mehr, sondern hat am Steg festgemacht (wegen der sanitären Einrichtungen, und überhaupt...); die Gören schippern nicht mehr mit leise killendem Opti-Segel. Dafür haben sich Pösels Fritz und Pickenbacks Willi knatternde Autbords an ihre Dingis gehängt und rasen damit um die Pricken der (nicht mehr!) stillen Bucht.

Gustaf ist weit davon entfernt, mit

tränenerstickter Stimme den Verfall der Sitten zu beklagen. Schließlich kann man ja unter Deck gehen. — Gottlob sind SINDBADS Planken nicht so dünn wie die Häute der modernen Plastikeimer, auf denen man Valium braucht, wenn auf dem Nachbarschiff nachts jemand Herzklopfen bekommt. Aber das Richtige ist es nicht.

Und so wandern Gustaf und Frieda abends das Steilufer der Bucht entlang, um dem Krach der neuen Motorjugend zu entfleuchen. Ach was, Motor hin, Motor her — es ist die neue Zeit, die sie bedrückt. Julchen würde auch mit solch komischen T-Shirts umherlaufen, auf denen so originelle Sprüche stehen wie „Mein Bauch — nein, danke!", „Atomkraft gehört mir!" oder „Stoppt Streß!" Aber da hat Gustaf ein Machtwort gesprochen. — Immerhin ein Teilerfolg! Doch den *Lärm* liebt sie genauso wie die anderen. Nur daß sie ihn beim Disco-Rock schöner findet als auf dem Wasser. Geschmackssache.

Gustaf und sein Kahnweib sitzen oben am Rand der hohen Steilküste im Gras und blicken auf die Bucht. Neben ihnen ist eine Singdrossel dabei, mit lieblichen Kadenzen eine Braut herbeizuflöten. Unter ihnen haben sich in der Bucht zu den Boliden der Junioren noch zwei Wetbikes und ein Jetski gesellt. Ihr Geheule läßt die Luft erzittern. Es ist wie beim Sandbahnrennen. Nur lauter. Hei, welche Freude!

Komische Zeiten, denkt Gustaf. Und er schließt in sein Stoßgebet auch die Väter dieser jungen Lärmerzeuger ein, die den ganzen Wohlstandskrach schließlich finanziert haben. Irgendwie findet Gustaf das alles unlogisch: Patenschaft für Bäume übernehmen, aber das Wasser mit Autbords verstänkern; Grünes schützen, aber die Luft mit Grillparties verpesten; gegen Autobahnlärm wettern, aber heulende Discoklänge lieben: Er muß mal mit Julchen darüber reden. Vielleicht kann sie ihm das erklären.

Als die Deern zur Nachtzeit mit roten Backen auf die SINDBAD zurückkehrt, klopft Gustaf gerade seine Pfeife aus. Wie dat so is mit den jungen Leuten und ihrer Logik, fragt er sie. „Alterchen", sagt Julchen, „ich glaub, du brauchst mal 'ne Akupunktur! Hör zu, ich werd' dir das morgen in aller Ruhe rational auseinander dividieren. Dann haste gleich den großen Durchblick. Logo? — Und nun *sleep well*!"

Und während sie ihren Pulli über den Kopf streift, ertönt im stillen Hafen das nervenzerfetzende Geräusch einer Kreissäge. „Ach", sagt sie leichthin, „das ist Willi mit seinem getunten Knattermors. Find ich echt zombig! Klingt wie Formel 1!"

Merke: Die Menschheit ist die Hautkrankheit des Erdballs. (E. Kästner, Misanthropologie)

Supermarkt

„Is doch janz praktisch", verteidigt ein Werftvertreter die Aufteilung des Messegeländes in „Gattungsbezirke".

Mannomann — praktisch wohl, aber auch schön? Gustaf zweifelt daran. Wenn es in Weltstädten wie New York oder Mannheim vielleicht ganz sinnvoll sein mag, Straßenzüge nach Nummernblocks zu ordnen, kommen ihm bei einer Bootsausstellung doch Bedenken. Wo bleibt denn da die Gemütlichkeit? Statt überraschender Bazar-Effekte nur noch die sterile Gleichförmigkeit einer Logarithmentafel.

Wie im Supermarkt, findet Gustaf — alles akkurat nach Warenart sortiert, numerisch gruppiert und exakt der Größe nach aufgebaut: Die Schwäne des Meeres fein unter sich — dezent abgesetzt wie der Jet-Set in St. Tropez. Das bürgerliche Mittelfeld zuhauf in der Mitte. Na, und das leichtgewichtige Kroppzeug gleich am Eingang, wo es nicht viel schadet, wenn man darüber stolpert. Informationen Halle 1, Aktionsprogramm Halle 2, Jollen in 3, Motorboote, Segelyachten, Motorsegler — alles fein für sich. Und wer da glaubt, den Stand seiner Segelzeitschrift logischerweise bei den Segelyachten zu finden, entdeckt ihn schließlich beim Zubehör zwischen Bordklos, Kompassen und *Bilge-Cleanern*. — Zubehör bleibt Zubehör. Über allem ein Phenolduft wie in einer Ambulanz und ganz ohne die betörende Assoziation von Firnis, Lack oder edlen Hölzern.

Wenn Gustaf so vor den Booten steht, findet er, daß sie sich doch alle ziemlich ähnlich sind. Die *Trawler* — ob aus Hongkong oder Taiwan: Der einzige Unterschied ist, ob die „Flybridge" (= Fliegenbrücke) zwei, vier oder sechs Sitze hat. Die *Motorboote*: Vorn die V-Kojen, in denen man angespitzte Füße braucht; mittschiffs der Salong mit seinen qualvoll steilen Rückenlehnen; achtern die unbequeme Liegewiese mit Kriechhöhe.

Auch die *Segelyachten* ähneln sich stereotyp wie die Schönen vom Ballett: Schwanensee auf Stelzen, die meisten mit modisch einfallendem Heck, wodurch sie aussehen wie ein Hund, der den Schwanz einklemmt. Unter dicken Leibern mickrige Stummelkiele, als machten sie gerade einen Mutationssprung von der Kaulquappe zum Kugelfisch. Nee, nix Neues an der Wasserfront! Höchstens mal ein auf alt gequälter GFK-Krabbenkutter mit „gelohten" Perlonsegeln.

Dafür verschlägt einem weiter hinten die zu einer Akropolis gruppierte Flotte chromblitzender Millionen-Schiffe den Atem. Leider kann man ohne Leiter nur ihre wohlgeformten Bäuche bestaunen. Von unten! Das bringt die Froschperspektive der Messebesucher so mit sich.

Wer mag sie kaufen? Unter welcher bunten Flagge werden sie dereinst fremde Küsten verunsichern? Gustaf wird unwohl, wenn er sie sieht. Er fürchtet, sie könnten unerwünschte Neidgefühle wecken: Segeln — Nobelsport? Er hört seine SINDBAD wiehern! Im Chor mit Heini, Otje und Fiete. Sie alle halten diese Prunkarchen für falsche Repräsentanten des Segelsports — auch wenn TV, Presse und manche Werften darüber anders denken.

Gustaf denkt an die schöne Zeit zurück, als man schon am fernen Horizont erkennen konnte, wer da angeseilt kam, denn jedes Schiff sah anders aus und hatte seine typischen Merkmale. Heute muß man sich schon ein rotes Schwein auf den Spinnaker nähen, mannshohe Rallye-Streifen oder gar ein Haifischmaul auf den Bauch pinseln, um wenigstens auf 200 Meter identifiziert werden zu können.

Ehrlich, die Superschwäne in Halle 12 und 13 langweilen Gustaf. Deshalb sieht er sich mal in der Zubehörabteilung um. Da gibt es wenigstens was zum Lachen: Gleich vorne links entdeckt er einen riesigen Schlauchbootkreuzer, der achtern in Davits einen kleinen Schlauchbootknirps als Dingi fährt. Etwas weiter hat einer eine Kommandozentrale im King-Size-Format aufgebaut. Mit der lassen sich vom Ruderstand aus per Knopfdruck alle elektrischen Apparate an Bord fernsteuern — einschließlich Ruf- und Gegensprechanlage zum Vor- und Achterdeck, Stereorecorder und Ankerkatapult. Besonderer Clou: Akustische Einblendung von „Original *Sea-Sound*-Geräuschen" ins Ruderhaus, um dem dort schalldicht eingesperrten Skipper das Image der offenen See zu vermitteln. Auf Wunsch auch verstärkt als *Ocean Sound.* Etwa ab Helgoland.

Überhaupt steht der moderne Aquariumsmensch nicht mehr gern im Freien. Wozu gibt's Glas? Deshalb baut man jetzt für die letzten, die Zugluft noch schön finden, Motorsegler in *Open-Air*-Version. Für Kabrio-Nostalgiker mit *Sprayhood.*

Tja, was gibt es noch? Für Ladyskipper einen süßen *Boating-Cosmetic-Set* mit Klub-Initialen und Borddekor. Oder neuartige, teure Windmeßanlagen, die alles genau messen können, nur nicht den Wind. Oder als Superknüller für Hochseefans, die auch im stinkenden Hafen des *Deep-Sea-Feelings* nicht entraten möchten, einen flotten Plastikmatrosen, dessen mit Schlitzen versehenem Ringelhemd original Seeduft der Marke „Meereshauch" entströmt. Killt bei geschlossenen Luken garantiert jeden Hafenmief. Nach Bedarf regulierbar durch Drehen des Matrosenkopfes.

Supermarkt der Eitelkeiten? Gustaf reagiert auf seine Weise: Wieder zu Hause, ersetzt er die elektrische Beleuchtung auf seiner SINDBAD demonstrativ durch eine Petroleumfunzel. Wer will schon eitel sein!

Merke: *Nil admirari.* („Über nichts wundern." Horaz)

Ruhe sanft

Seit Gustaf „in die Dschahre“ kommt, schläft er an Bord immer schlechter. Erst quält er sich mit ein paar Buddeln Export mühsam in den ersten Gang. Aber schon weckt ihn der kleinste Püster wieder auf. Und dann zwickt ihn die Blase. Und das schlechte Gewissen, weil er an das angerostete Toppwant denken muß. Mann, wat'n Quatsch! Man sollte sein Geld besser in die Fontana di Trevi werfen statt in SINDBADS gierigen Schlund. Und so was nennt sich Erholung!

Er wälzt sich hin und her und sucht den zweiten Gang. Aber das Toppwant läßt ihn nicht los. Mein Gott, wenn das morgen auf der Kreuz bricht! Dabei hatte er sich fest vorgenommen, die Wanten im Frühjahr zu erneuern. Nun plagen ihn Schuldgefühle und lassen ihn nicht schlafen. Zum Schluß hilft ihm nur noch ein Löffel Baldrian, den dritten Schlafgang zu finden. Düwel ok, wat is der Skipper sensibel geworden!

Frieda ist traurig, daß sie ihm nicht helfen kann. Und sie erzählt Tante Alma davon. Oh, da weiß sie was Gutes, sagt die Muhme und drückt Frieda einen Reklamezettel in die Hand: *MUSCHINOCT — die neue Bettwäsche für Boot und Camping. Aus hautfreundlicher Naturfaser-Baumwolle. Wärmt sofort, kompensiert jede Feuchtigkeit, fördert das Wohlbefinden und sorgt vor allem für einen gesunden, tiefen Schlaf.*

Am nächsten Wochenende geht Gustaf mit Muschinoct zur Koje. Doch weil er sich über den hohen Preis geärgert hat, wird es wieder nix mit dem 1. Gang. Und auch der zweite Versuch ist ein Schuß in den Ofen: Muschinoct hat bewirkt, daß irgendwelche Mikroprozessoren in Gustafs Kleinhirn Denkprozesse in Gang gesetzt haben, die sich nicht wieder verdrängen lassen. Und dann meldet sich auch die gekränkte Blase wieder.

Gustaf fragt seinen Stegnachbarn Sauerbrodt (den berühmten Verhaltensforscher), was man denn an Bord so gegen Schlaflosigkeit machen kann. „A. T.“, sagt der Professor, „das hilft immer.“ Gustaf denkt nach. Meint der Spinner etwa das Alte Testament? Doch da reicht ihm der Eierkopf schon ein Buch rüber: *Autogenes Training — die Kunst der vollendeten Entspannung.* „Das lesen Sie mal, da steht genau drin, wie es gemacht wird.“ — Spricht's und sticht in See. Gustaf bleibt betroffen zurück.

Am nächsten Tag studiert er das Werk eingehend. Im Büro natürlich, denn seine Frauen sollen es nicht sehen. Klingt ja ganz einleuchtend, das mit A. T. Muß er am Wochenende gleich mal ausprobieren. Da segeln sie bei flauem Wind und Bullenhitze nach Höruphav. Gustaf hockt 14 Stunden am Ruder und ist ganz

rammdösig, als sie ankommen. Sein Puls klopft hart wie die Drahtfallen an Heinis neuem Alu-Mast. Die richtige Chance, A. T. auszuprobieren — ohne Bier, ohne Baldrian und ohne Blasenzwack. Er freut sich richtig, bald zur Koje gehen zu können. Er schließt die Augen. Wie stand es im Buch? *Ich bin ganz entspannt. Ich denke an nichts. Nur ans Schlafen. Puls ist ruhig. Arme werden schwer. Beine auch. Ich lasse mich rückwärts fallen — fallen — fallen ...*

Verdammt noch mal, gerade als er sich rückwärts fallenlassen will, fängt Frieda an zu schnarchen. Ganz ohne A. T.! — *Scheißprofessor! Entspannen — entspannen!* — Aus! Alles noch mal von vorn: 2. Gang. — Doch er kommt auch im 2. Gang nicht zum Rückwärtsfallenlassen, denn inzwischen läßt Julchen ihr zartes Maidengeschniefe ertönen. Und die SINDBAD knirscht dazu mit den Spanten, als ob auch sie schnarche. Selbst der Wind ist eingeschlafen. Nur Gustaf nicht.

Beim dritten Anlauf meldet sich die Blase wieder. Zum Teufel mit A. T.! Bier her, drei Buddels auf einmal. Und dazu Baldrian. Und Ohropax. Und eine Sauwut auf den autogenen Professor und die hautfreundliche Muschinoct. Das läßt ihn dann schließlich doch einschlafen.

Merke: Wut verschafft ihm endlich Ruh. Ratsch! – Man zieht den Vorhang zu. (frei nach W. Busch)

Schwund

„Schwund“ kommt von „verschwinden“. Man kann auch Klauen dafür sagen, aber das klingt zu direkt.

Gustaf hat seinem Chef mal ein System vorgeschlagen, mit dem man den Schwund verringern kann. Aber der Chef meinte, Gustaf solle erst mal konkret verbalisieren, wieviel Personal das zusätzlich kosten würde. „Zwei Piepels“, sagte Gustaf, „einen fürs Lager und einen am Tor.“ Nee, meinte der Alte, dann laß' lieber klauen. Zwei Prozent Schwund sind ohnehin einkalkuliert. Das zahlt der Kunde mit. Und man spart die Arbeit der Kontrolle!

Dunnerlüchting, dachte Gustaf, also so einfach ist das mit dem Klauen. Obgleich, streng genommen, das Problem ja gar nicht auftreten könnte, wenn alle Menschen nach der Bibel handeln würden und der mit zwei Spinnakern dem, der keinen hat, einen abgäbe. Freiwillig natürlich. Man bloß, es sind ja nicht alle Christen. Und Türken, Inder und andere fremde Völker haben für gewöhnlich keine Spinnaker. Wozu auch?

Also sagen die Christen, das mit der Bibel funktioniert ja doch nicht. Und sie beklauen sich gegenseitig weiter, wie seit eh und je. Ulkig ist dabei nur folgendes: Je dichter sie am Papst dranwohnen, desto größer ist der Schwund. Friedas Muhme haben die *schippatori* in Rom auf der Via Ulpia, direkt vor der Trajanssäule, beim Gähnen glatt das Gebiß geklaut. Und in Fiumare Grande, dem Hafen von Ostia, zogen die Schwund-Artisten sogar eine „Große Nummer mit Löwen“ ab, als sie einem Freiburger Chirurgen seine 10-m-POSILLIPO mitsamt Tieflader unterm Hintern weg eskamotierten.

Aber auch in nördlichen Regionen gibt's unter der schleichenden Zunft Spitzenkönner. Ganz zu schweigen von den Langfingern, die an den Binnengewässern südlich des Weißwurst-Äquators zu Hause sind und bei denen der einzige Unterschied darin besteht, daß sie (d'stinkatn Luada!) beim Klauen auch noch beten (Himmisakrakreiziteifi!).

Ob mit Gebet oder ohne — daß der große Schwund auch vor Kiel, der Heiligen Stadt der Segler, nicht haltmacht, mußte Gustaf mehrfach am eigenen Leib erfahren. Als er eines morgens zur SINDBAD fuhr, war der Danforth-Anker auf dem Vordeck abgeschäkelt und entmaterialisiert, kurz: geklaut. Nö, sagte die Versicherung, das sei „einfacher Diebstahl“, das ginge überhaupt nicht zu versichern, jedenfalls nicht bei ihnen. Also war Gustaf erstmal 120 Piepen los und hatte dafür viel Ärger.

Das sollte ihm nicht noch einmal passieren, fluchte er. Rachsüchtig wie ein Mafiaboß baute er auf der SINDBAD schwere Messingschlösser ein. Dann versteckte er den mit einem gewaltigen Korkstück schwimmfähig gemachten Schlüssel ganz schlau an einem geheimen Platz im Backbord-Schwalbennest. Das war natürlich Quatsch, wie er bald erfahren mußte, denn dort suchte ihn jeder Dieb zuerst.

Als ihm kurz darauf aus der Kajüte der Kieker geklaut wurde, folgte der nächste Frust: „Keine Spuren = kein Einbruch, ja nicht mal schwerer Diebstahl", sagte die Versicherung und betonte, daß sie nur bei eben solchen zu zahlen bereit wäre. Gottlob stammte der Kieker aus Japan, aber immerhin waren wieder 100 Piepen im Eimer. In Gustafs Eimer.

Gustaf hatte wieder etwas hinzugelernt. Als der Klauer einen Monat später der SINDBAD einen erneuten Besuch abstattete, hatte der Skipper den Schlüssel listig unter der Großsegelpersenning versteckt. So etwas ärgert einen Schwund-Profi natürlich. Weil er den Schlüssel weder am gewohnten Platz im Schwalbennest noch am zweitbeliebtesten, unter den Bodengrätings der Plicht, finden konnte, war er jetzt gezwungen, mit erheblicher Mühe und risikoreichem Geräusch das Luk aufzubrechen. Und so etwas muß sich natürlich lohnen. Da begnügt man sich nicht mit Kleckerkram.

Diesmal war Gustafs neuer Grenzwellenempfänger dran — fest eingebaut und, wie Gustaf irrtümlich glaubte, sicher wie im Banksafe. Daß dabei das halbe Kajütschott mit dran glauben mußte, kratzte den Klauer wenig — warum versteckte der Skipper auch seinen Bootsschlüssel! Diesmal zahlte die Versicherung. Endlich war es ein echter Einbruch! 1600 Mark erhielt Gustaf für das Luk, 1000 für das Schott und 450 für den Receiver. Der Form war endlich Genüge getan.

Gustaf hat seitdem gewisse Zweifel, ob die Versicherungsbestimmungen wirklich der Weisheit letzter Schluß sind. Aber er tröstet sich mit dem Hinweis seines Chefs, daß „Schwund" ohnehin einkalkuliert und auf die Kunden abgewälzt wird.

Na bitte! Nur manchmal quält ihn aufkommende Sorge, ob die Rechnung nicht irgendeinen Haken haben könnte. Aber welchen nur?

Merke: Leben heißt, nach den Gesetzen des Begehrungsvermögens zu handeln. (Immanuel Kant, dt. Philosoph)

Crash-Test

Kennen Sie die Rhododendren von Neatishead? Nee? Dann haben Sie was versäumt. In dem kleinen Nest am Barton Broad, inmitten der lieblichen Seenplatte Norfolks, wachsen die Büsche bis dicht ans Wasser. Hoch wie ein niederfränkischer Misthaufen und pedantisch gestutzt wie die Buchsbaumhecken von Ludwig XIV. Frieda liebt diese Blütenpracht über alles und wetteifert darin mit halb Großbritannien. Kein Wunder, daß die Anlegebrücken in den Stichkanälen gegen Abend mit Charterbooten vollgestopft sind.

Gustaf hat unterwegs getrödelt. Als er ankommt, ist alles besetzt. Nur gegenüber, die Spundwand vor den Rhododendronbüschen, die ist frei. Wenn bloß die dummen Schilder nicht wären: *Private! No mooring!* Wat 'n Quatsch! Und alles op inglisch! Doch Gustaf weiß, wie man sich hilft: mit dem Kieler Garagentor-Trick. Da stellt man sein Auto genau in die Mitte vor zwei Garagentore und läßt jedem Garagenbesitzer die (zumindest theoretische) Chance, sich vor- oder achterwärts vorbeizumogeln. Warum soll das nicht auch hier funktionieren? Zudem sind die Schilder von den Büschen fast zugedeckt. Und was heißt schon *private!* Gustaf ist auch privat da. Oder etwa dienstlich? Na, also!

Er bringt die Leinen aus, hängt die Fender außenbords und dreht den Benzinhahn zu. Doch kaum hat er seinen Kahn auf der Nahtstelle zwischen beiden Schildern angebunden, rascheln die Büsche, und links steckt Mr. Private seinen zornroten Döz durch das Geranke, und rechts bricht Mrs. Nomooring durchs Unterholz ihres Gartens. Beide sind sich einig: Abhauen, aber sofort! Julchen kuckt ängstlich aus der Wäsche; Frieda runzelt besorgt die Stirn. Nur der Skipper steht aufrecht an Deck und blickt gleichmütig dem Angriff entgegen. An einem Holsteiner Maaten läuft so was runter wie Wasser an einer Ente.

Doch er hat nicht mit der Urgewalt des kgl. britischen Zorns gerechnet. Wie afrikanische Mörderbienen gehen die Buschmenschen auf ihn los, immer wieder, und sie verlieren dabei nicht mal ihren Stachel. Da schreit Julchen plötzlich: „Drüben wird ein Platz frei!" Gustaf schmeißt die Leinen los, startet den Jockel und legt ab, um jenseits im Bootshafen festzumachen. Vielleicht macht er das etwas zu hektisch. Aber das Geschrei der Blumenfreunde hat ihn doch leicht nervös gemacht. Er läßt seinen Overdrive aufheulen und überquert den schmalen Flußlauf mit Braßfahrt.

Drüben im Hafen will er das Boot mit dem Rückwärtsgang stoppen. Er nimmt das Gas weg, schiebt den Hebel zurück — da bleibt der Motor stehen. Kein Stoppen, kaum Ruderwirkung, kein Ausweichen möglich. Gustaf erkennt sekundenschnell, daß die Katastrophe unvermeidbar ist. Julchen steht mit dem Pekhaken auf dem Vorschiff, Frieda mit 'nem Fender auf dem Laufdeck. „Hinlegen!" brüllt Gustaf, doch da ist es schon passiert: Der Kahn schießt auf die Spundwand zu, rechts und links flankiert von Abendbrot mampfenden Feierabendbriten. Rrumms!!

Dem rechten Skipper fällt der Schinken vom Brot; den linken trifft Gustafs Rammstoß so heftig, daß der Tisch im Cockpit umfällt und der heiße Tee seiner Olsch die Füße verbrüht. Gustafs Kahn donnert vierkant gegen das Bollwerk, daß die Späne fliegen und Julchen mit einem Satz an Land katapultiert wird, während Frieda ärschlings auf dem Nachbarschiff landet.

Wahrlich eine Meisterleistung. Aber wie konnte das nur angehn? So ein Scheißmotor, einfach stehenzubleiben, ohne Grund und mitten im Anlegemanöver! — Ohne Grund? Gustaf erkennt ihn rasch, als er den Jockel neu starten will und nichts passiert: er bleibt stumm. Da fällt dem Skipper der Benzinhahn ein. Er hat ihn beim Anlegen unter den Büschen zugedreht, akkurat wie das Bordbuch es vorschreibt. Aber er hat ihn nicht wieder aufgedreht, als er ablegte. Und so reichte der Treibstoff im Vergaser nur für die 100 Meter bis zur Hafeneinfahrt. Logisch, nöch?

Gustaf sagt seinen Mädchen nicht, woran es gelegen hat. Wahrscheinlich ein Fall von höherer Gewalt. Er kühlt die Blessuren seiner Crew, beschwichtigt die aufgebrachten Nachbarsleute, besichtigt die Beule am Steven und die Kerbe in der Pier: Das Boot hat den Crash-Test überstanden! Nach dem Zustand des Skippers fragen wir lieber nicht.

Dem fällt plötzlich etwas ein: Sein erstes Auto, ein uralter DKW, hatte auch so einen Benzinhahn. Vom Fahrersitz aus mit dem Fuß zu erreichen — senkrecht *auf*, nach links *Reserve*, rechts *aus*. Damit hat er manchmal seine Bräute ausgetrickst. Meist mitten im Wald, wo es schön duster war. Ein zarter Tritt, und nach 100 Metern blieb die Karre wie durch Zauberhand stehen. Na so was! Und ganz zufällig. — Gustaf kriegt plötzlich knallrote Ohren. Tjä — wie das Leben so spielt.

Merke: Der beste Motor tut es nicht, drehst du den Benzinhahn dicht. (Altgriech. Spruch)

Der Mann von nebenan

Sein Motorkreuzer hatte einschließlich Peildeck vier Stockwerke. Er lief kurz nach Gustaf Rudköbing auf Langeland an und machte im Südhafen unterhalb des großen Silos neben der SINDBAD fest.

„Jestatten, Brausewitz", grüßte er vom Söller seiner schwimmenden Festung. — „Justaff", sagte Gustaf, und damit war der Fall für ihn erledigt. Nicht aber für Julchen, die er in der Kajüte kichern hörte: „Hi, hi, Mutti — haste dem seine Eule gesehen? Die läßt sich bestimmt die Petersilie mit FLEUROP ins Haus schicken!"

Als Gustaf nach dem Abendbrot im Cockpit seine Pfeife anzündete, sprang der Penthouse-Skipper unruhig auf seinem Bootsdeck umher. „Laufen Sie morgen auch aus?" wollte er wissen. Gustaf mußte erst seine Regierung fragen. „Wat is, Olsch, seilt wi morjn na Nyborg?" — „Nee!" klang es aus dem Vorschiff. Das war Julchen. Langeland gehörte *ihr*, ebenso wie der obligate Rudköbinger Hafentag. Gustaf zuckte die Schultern. Die Regierung hatte gesprochen.

Aus dem Schutz des Niedergangs heraus beobachtete er alsdann, wie der Nachbar vom Altan seiner Poop aus versuchte, den Alabasterleib seines Lustkreuzers durch Ausbringen manschettenähnlicher Pfahlfender zu schützen. („Janz neuet Modell aus Vollschaum. Praktisch, wa?") Doch seine Arme waren so kurz und der Pfahl so lang. Also ließ er es. Dafür warf er einen nervösen Blick auf seine Windfahne im Topp des kurzen Mastes und sagte: „Staun' Se, wa? Sonderausführung, diamantjelagert, eijentlich mehr wat für Sejelyachten." Und dann fragte er Gustaf nach dem Wetter für morgen.

Wo er denn hinwolle, wollte Gustaf wissen. Nach Anholt. — Gustaf verschluckte sich fast. Ob er dann nicht besser mal den Seewetterbericht befragte? Kiel Radio zum Beispiel. Da erfahre er alles Wissenswerte ...

Nee — unterbrach ihn der Nachbar, das sei ihm zu ungenau. Dann lieber eine Törnberatung durch das Seewetteramt. Dafür wären die doch schließlich da. Wo denn hier das nächste Telefon sei? Gustaf erklärte es ihm. Kurz darauf verließ der Nachbar nebst eingehakter Gattin seinen Flugzeugträger über eine von der Beletage aus zum Land hin ausgelegte mediterrane Heckgangway. Vorher aber machte er sich auf geheimnisvolle Weise am Schloß seines gläsernen Deckshauses zu schaffen. Das letzte, was Gustaf von ihm sah, war die güldene Verbandsnadel für den Führerschein C am Revers und ein buntgesticktes Wappenschild „SHSS" auf der Brust seines Blazers, was wohl so viel wie „staatl. geprüfter Sporthochseeschiffer" heißen sollte.

Nachts um elf rumpelte die nachbarliche Gangway. Aha, der Hochseekapitän kam nach Hause. Kurz darauf peitschte das gellende Geheul einer Polizeisirene Gustaf aus der Koje und in Unterbüxen an Deck. Eine männliche Stimme auf dem Nachbarschiff rief „Scheiße!" Eine weibliche flötete erschrocken: „Aber Oskar! Ist das etwa unsere eigene Alarmanlage?" — Um es kurz zu machen — es war eine gute Anlage, sozusagen das Spitzenmodell einer bedeutenden Markenfabrik für Einbruchschutzgeräte. Sie verhinderte garantiert jedes unbefugte Betreten des Bootes. Und manchmal auch — siehe oben — das befugte.

Gustaf brauchte lange Zeit, bis er das Teufelsding entschärft hatte. Zuletzt mit brachialer Gewalt. Der Hafen war hellwach geworden und die Nacht zu Ende. Drohende Rufe schallten übers Hafenbecken.

Der Mann von nebenan bedankte sich gereizt bei Gustaf, warf die Leinen los und verließ eilends den ungastlichen Liegeplatz. Das Dinner an Land war schon mies gewesen, und nun noch diese Bescherung! Gustaf konnte sich die Frage nicht verkneifen, was denn die Törnberatung durch das Seewetteramt ergeben habe. „Nischt, absolut nischt", sagte der Sirenenbesitzer, „da lief nach 17.00 Uhr nur ein Tonband." — „Paß op", sagte Gustaf, der von Kiel Radio eine Windwarnung mitgekriegt hatte, „dat gifft örtliche Gewidders mit Böen!" Doch da blies ihm des

Nachbarn Heck schon die rußigen Abgase eines kaltgestarteten Diesels ins Geäse. Pfui Deibel! Gut, daß sie heute in Rudköbing Familientag machten. Gewitter auf See waren nicht sein Fall.

Nach drei Tagen traf er den „Hochseh-Kapitän“ wieder. In Anholt? Ach wat — in Kerteminde. Dort lag er auf der Werft und reparierte seine Radarantenne. Die hatte ihm eine Gewitterbö im Großen Belt vom Peildeck rasiert. Und auch sonst sah sein Kahn etwas mitgenommen aus. Ebenso wie seine Gattin, der es zu Hause wohl doch besser zu gefallen schien als im rauhen Kattegat.

Als Gustaf den Skipper am Hafen traf, hatte der immer noch seinen Blazer an. Aber irgendwas an ihm war anders. Ach ja — das güldene Verbandsabzeichen fehlte! Und ein geschickt drapiertes Kavalierstüchlein verdeckte das handgestickte SHSS-Wappen auf der linken Brusttasche.

Merke: Der Scheck heiligt die Mittel. (Sprichwort)

On the Rocks

„Runter kommen sie alle ...“, heißt es bei den Fliegern sarkastisch. Aber Gustafs irischer Bootsvermieter variierte das Thema und seufzte bitter: „*Rauf* kommen sie alle ...“

Mit „Rauf“ meinte er die Steinhaufen, mit denen der windungsreiche Lauf des Shannon gespickt ist. Sie übten eine magische Anziehungskraft auf kontinentale Pauschal-Charterer aus. Diese Urlaubskapitäne kämen immer mittags auf dem Shannon-Airport an, rasten mit Bussen zu den Liegeplätzen ihrer Charterboote, schmissen ihre Flugzeugkoffer ins Vorschiff, den Motor an und die Leinen los, um nun ohne Verzug das Bordleben in vollen Zügen zu genießen. Selten nähmen sie sich Zeit für eine richtige Einweisung. Und die Bedienungsanweisungen (obgleich auf deutsch!) würden frühestens am ersten Regentag gelesen. Da wäre es aber meist schon zu spät ... Die Shannon-Klippen lockten! Am riskantesten wären die ersten drei Stunden auf dem Wasser. Wer die heil überstanden hätte, sei bereits ein „qualifizierter“ Anfänger, und die Chancen, das Boot unbeschädigt zurückzuerhalten, lägen bei 70 Prozent.

Ob demnach 30 Prozent Unfälle üblich seien, fragte Gustaf staunend. Das erkläre dann ja auch die hohen Charterpreise — bei *dem* Risiko! Nun —, wiegelte

der Charterboß ab, gottlob gäbe es ja auch einige manierliche Leute, die Karten lesen und ein Boot im Tonnenstrich halten könnten. Und manchmal wären die Schäden auch nicht so happig.

Gustaf schüttelte den Kopf und bestieg seinen Kahn, einen 30-Fuß-Backdeckkreuzer mit Außensteuerung. Alles gut gepflegt und fahrbereit. Nur das Echolot fehlte. Abmontiert, sagte der Werftvize, damit hätten die Chartergäste in einem Sommer sechs Boote auf die Steine gejagt. Totalschaden!

Wie das, wollte Gustaf wissen, trotz Lot? — Eben gerade deshalb, klagte der Vize. Diese Autofahrertypen wollten einfach nicht kapieren, daß ein Lot nicht voraus orten, sondern nur senkrecht nach unten peilen könne. Die seien meist schon mit dem Vorschiff *on the rocks*, bevor das Lot die Untiefe anzeige. Also besser die Dinger ausbauen. Dann würde vielleicht langsamer und vorsichtiger gefahren. Es sei wie mit dem Radar — die Technik erhöhe die Gefahr, weil niemand mehr seine sieben Sinne gebrauche.

Kurz darauf schipperte Gustaf von Portumna den Shannon südwärts. Wo der Fluß in den Lough Derg mündet, macht die Fahrrinne einen Bogen um *Silver Islands*, einen gut betonnten Steinhaufen, der dort knapp unter der Wasseroberfläche deutschen Meerbezwingern auflauert. „Kuck mal, Vati, da sitzt ja einer drauf!" rief Julchen. Tatsächlich — eine etwa zehn Meter lange Motoryacht war auf die Steine gedonnert, obwohl eine große rote Tonne eindeutig auf die Gefahr hinwies.

Da am Steven des Havaristen eine bundesdeutsche Gösch flatterte, wurde Gustaf neugierig und ging so nahe an ihn heran, wie es der Tonnenstrich erlaubte. Abbergen und Freischleppen war ihm laut Chartervertrag verboten, aber vielleicht konnte man dem Landsmann ja anderweitig helfen. Die Leute drüben winkten lebhaft. Gustaf ankerte etwas außerhalb der Rinne und setzte mit dem Beiboot über. Man empfing ihn freudig: nach Stunden die erste Yacht, die anhielt, um zu helfen. Doch, mein Gott, wie sah das Schiff aus! Halb voll Wasser, der Kunststoffrumpf am Kiel aufgerissen, das Heck mit dem Motor weggetaucht.

Was er denn hier zum Teufel gesucht habe, fragte Gustaf den Skipper. Dieser wedelte empört mit der Karte. Schlamperei, rief er erbost, laut Karte überall zwei Meter Wasser ringsum. Und das Echolot zeige auch jetzt immer noch zwei Meter an. Bei zwei Meter Wasser könne man doch ruhig mal außerhalb des Tonnenstriches fahren.

Gustaf nahm den Bootshaken und peilte mittschiffs 60 Zentimeter. Er sah den Charterskipper groß an und sagte leise: „Nicht Meter, großer Meister, sondern *Fuß*! Hierzulande mißt man nämlich — jedenfalls zumeist — immer noch nach englischen ‚Füßen'. Und das ist nur ein Drittel eines Meters. — Uff!" Danach bestieg er sein Beiboot und nahm den konsternierten Skipper mit zu sich an Bord, um ihn im nächsten Hafen abzusetzen, damit er von dort die Bergung seines Wracks veranlassen konnte.

Als er nach einer Woche zur Werft zurückkam, berichtete er dem Boß von seinem Erlebnis. Ja, ja ... meinte der und kratzte sich am Kopf. Die Germans, die hätten halt solche *typical mountain climbers mentality. If you know what I mean: Always „on the rocks"*. — Gustaf wußte nicht, aber riet. Etwa „Gipfelstürmer"? Auf jeden Fall war es wohl kaum als Kompliment gemeint. Komisches Volk, diese Iren. Und ihr Humor erst!

Merke: Vater und Sohn im Dubliner Zoo. Vater: „Sieh mal — ein Jaguar!" Sohn: „So —? Und wo hat er seine Räder?" (Irischer Humor)

Goldrausch

Einst waren die Digger davon befallen, wenn sie die *Banks of Sacramento* nach Nuggets durchsiebten. Wen das Goldfieber erst mal gepackt hatte, den ließ es nicht mehr los.

Mit Gustaf ist das so ähnlich. Ihn plagt zwar kein Goldfieber, aber er ist ein Bronze-Fetischist. Nie davon gehört? Ist doch ganz einfach: Gustaf sammelt alles, was aus Kupferbronze ist und verschönt (bzw. beschwert) damit seine Sindbad. Die ist schon eine Handbreit tiefer getaucht, seit der Skipper von dieser Leidenschaft befallen wurde. Doch Gustaf hat das Schanzkleid etwas erhöht, und das hat die Sache optisch ausgeglichen.

Aber welche Pracht hat sich dafür auf der Sindbad entfaltet! Kein Stückchen Chrom, kein Teil aus Niro oder Alu, kein Stück verzinktes Eisen (pfui!) ist mehr an Bord. Nein, alles nur echte, schwere Bronze von matter goldener Färbung. Für

Gustaf ist Bronze fast noch edler als Gold: der gleiche Glanz, aber viel härter! — Putzen? Kein Problem, Frieda macht das erstklassig. Und es gibt ja auch Geheimmittel, die den Glanz lange erhalten.

Kummer bereiten ihm nur die vier Lippklampen auf SINDBADS Vor- und Achterschiff. Sie sind aus billigem Gelbguß, und das schmerzt. Aber etwas Passendes in Bronze war schwer zu kriegen. Entweder paßten die Maße nicht oder die Schränkung. Er hat schon alle Freunde angespitzt, falls sie mal etwas hören sollten.

Eines Abends kommt Heini zu ihm. „Du", sagt er, „Emmo will seine VINETA verkaufen. Da sind solche Dinger drauf. Snack doch mal mit ihm!" — Mit Emmo reden? Wozu soll das gut sein? An wen Emmo denn sein Schiff verkaufen will, fragt er den Freund. Och, an so'n Quiddje aus Winsen, meint Heini. Und was versteht so einer schon von bronzenen Yachtbeschlägen! Logo, was?

Als es dunkel wird, schlendern beide zur VINETA. Prachtvolle Lippklampen aus dunkler Bronze prangen auf ihrer Reling. Just SINDBADS Kragenweite. „Soll ich sie für dich organisieren?" fragt Heini. Für Freunde tut man alles. „Wohl klauen, was?" meint Gustaf ängstlich. Er hat noch nie geklaut, jedenfalls keine Bronzeteile. Höchstens mal was abgestaubt. Aber dies hier? „Mensch", sagt er, „wenn dat rauskommen tut?"

Heini grinst verschlagen. Wie denn? Man muß es nur richtig machen. Zuerst muß Emmo den Kahn echt verkauft haben — mit Vertrag und „wie besehen". Dann vergehen bestimmt einige Tage, bis der Winsener den Kahn abholt. Und das ist der rechte Moment, SINDBADS Gelbgußklampen mit denen der VINETA zu vertauschen. Das ist kein Klauen. Der Winsener kriegt ja vier Klampen mit. Nur etwas andere. Wär doch ein Jammer, solch einen Heidjer mit den schönen Bronzedingern abziehen zu lassen.

Gesagt, getan. Der Verkauf hat stattgefunden. In einer Inventarliste sind vier Lippklampen aufgeführt. Also alles okay. Sonnabend soll die VINETA überführt werden. Am Abend davor vollziehen an ihr die beiden Schwerenöter eine kleine Schönheitskorrektur. Nachdem Gustaf seinen blanken Gelbguß mit einer dünnen Xylamonauflage „bronziert" hat, ist der Unterschied kaum noch zu sehen — jedenfalls nicht für einen Quiddje! Kurz danach montiert Gustaf seiner SINDBAD die schönen Bronzeklampen auf die Reling. Welche Pracht! Sein Stolz über diese Innovation verdrängt etwaige Gewissensbisse rasch.

Mittwoch abend klingelt es an seiner Wohnungstür. Emmo ist draußen. „Komm rein, alter Freund! Was gibt's Neues?" — Aber Emmo ist sauer und will Gustaf unter vier Augen sprechen. Gustaf schwant Unheil, denn er weiß, daß jeder im Klub seinen Bronze-Fimmel kennt. Damit die Mädchen nicht zuhören können, bugsiert er den Kollegen — psst! — in den Vorgarten. Und dort schimpft Emmo auch gleich los: „Bist du besoffen? Wo sind die Klampen? Der Kerl aus Winsen hat schon am Sonnabend Anzeige erstattet. Bei der Kieler Polizei. Gegen Unbekannt. Wegen Diebstahl."

„Mannomann", sagt Gustaf, dem urplötzlich die Muffe zu flattern beginnt, „woran hat der Quiddje das denn gemerkt? Was weiß ein Heidjer schon von Bronze?" — „Mein Gott, bist du dämlich", antwortet Emmo, „das ist doch ein alter Elbskipper. Der kennt alle Tricks. Deshalb doch die Inventarliste! Hättste mir bloß was von diesem Plan gesagt!" — Hättste!! — Aber nun ist guter Rat teuer.

Am nächsten Morgen flitzt Gustaf gleich zur Polizei. Ein bedauerliches Mißverständnis — die Klampen gehen heute noch per Eilpäckchen nach Winsen ab. Ein Anruf beim neuen Eigner der VINETA — eine bedauerliche Verwechslung; Klampen bereits unterwegs; bitte Anzeige zurückziehen! Danach wird Heini informiert, daß das Ei geplatzt ist. Frieda und Julchen haben gottlob nichts gemerkt. Gustaf holt rasch aus seinem Keller einen Satz alte Gußeisenklampen und montiert sie provisorisch auf SINDBADS Reling. Fürs erste, bis der Sturm sich gelegt hat.

Doch er hat seine Mädchen unterschätzt. Julchen hat tags darauf ihren Fuß noch gar nicht auf SINDBADS Deck gesetzt, da kreischt sie schon los: „Vati, Muttiih, kommt bloß mal her! Jemand hat unsere schönen Klampen gegen *eiserne* ausgetauscht! Soll ich gleich die Polizei anrufen?"

„Blots dat nich!" wehrt Gustaf erschrocken ab. Dann fängt er sich und murmelt stotternd eine gewundene Erklärung, die niemand versteht — er selbst am allerwenigsten. Julchen wirft dem Skipper einen vielsagenden Blick zu. Sie hat den Trabbel sofort durchschaut. Ganz schön lässig, wie der Alte sich abzuseilen versteht. Und seine Lügerei erst! Einfach Spitze!

Merke: Der Wert der Wahrheit wird oft überschätzt. (Konrad Adenauer)

Korsische Idylle

Gustaf ist bei Auslandsreisen mißtrauisch wie ein Travemünder Zollfahnder. Warum nennen die Spanier ihre romantische Costa Brava wohl *costa mierda* (Dreckküste)? Warum tauften die Franzosen die liebliche Côte d'Azur *côte poubelle* (Müllküste)? Warum sagen die Italiener zur ligurischen Riviera *costa di fango* (Schlammküste)? Und warum erbleichen die Neapolitaner, wenn man ihren malerischen Golf erwähnt, und flüstern hinter vorgehaltener Hand: *sentire l'odore di Napoli e poi morire* (Neapel riechen und dann sterben)? Ohne Grund werden die das ja nicht sagen.

Also! Und nun soll Gustaf ausgerechnet nach Korsika zu den Seeräubern! Frieda hat ihn mal wieder bequatscht: Zwei Wochen sollen sie mit Rainer und Monika auf deren Flitzeyacht NINA um die Insel segeln. Und zwar echt eingeladen, nicht nur aufgefordert, also alles frei außer An- und Abreise.

Gustaf weiß, warum er zögert. Die NINA, eine 42-Fuß-Ketsch, ist ein feines Schiff, gut ausgerüstet und sehr schnell. Auch Rainer ist okay — ein alter Freund und guter Skipper. Aber die Monika! Die hat alles, was ein Mann sich wünscht — Bart, tiefe Stimme und Muskeln. Und ein Hamburger Mundwerk, das sich gewaschen hat. Rainer sagt, sie kann nicht nur die Spargel quer fressen, sondern auch noch die Dose dazu. Kinder haben sie keine, weil Monika die Pille für das wirksamste Mittel zur Bekämpfung der Jugendkriminalität hält. Außerdem ist sie viel zu sehr mit Rainers Erziehung beschäftigt.

Doch was soll's — nun sind sie da. Nachdem sie Julchen bei der Yachtschule Elba abgeliefert haben, setzen Gustaf und Frieda mit der Klapperfähre von Portoferraio nach Korsika über und treffen nachmittags in Bastia ein, wo die NINA auf sie wartet. Gustaf blickt mit Bangen um sich: Was mag wohl der Haken bei Korsika sein? Er hat gelesen, daß die Insel früher ein Schlupfwinkel langobardischer Korsaren und sarazenischer Piraten war. Sicher stammen die heutigen Korsen direkt von diesen Korsaren ab — *nomen est omen*. In Bonifacio soll es ja heute noch

Seeräuber geben.

Der Empfang durch Monika ist rauh, aber herzlich. Gustaf erfährt gleich, wer an Bord die Hosen anhat. Monika schickt ihren Skipper auf die Suche nach einer Diesel-Tankstelle, drückt Frieda einen Korb mit Einkaufszettel in die Hand und Gustaf zwei riesige Wasserkanister. Aber Beeilung, wir wollen los!! Als sie zurück sind, hat Monika eine weiße Mütze auf und ruft: „Alle Mann auf Stationen, Motor an, Leinen los, Ruder Backbord, Fender rein!" Die Rollen hat sie vorher wie folgt verteilt:

Rainer	=	Motor und Elektronik,
Gustaf	=	Deck und Takelage,
Frieda	=	Klo und Kombüse,
Monika	=	Käptn und Navigation.

Von Bastia aus steuern sie Kurs Nord. Es ist 18.00 Uhr. Gustaf springt an Deck hin und her wie ein Pingpongball. Er setzt Groß, Besan, Besanballon und Genua, verpackt Fender und Persenninge; außerdem klart er Deck und Leinen auf. Der auffrischende Levante schiebt sie in sechs Stunden bis zum Cap Corse. Bei Einbruch der Nacht muß Gustaf die Genua gegen Fock I auswechseln und den Besanflunki bergen. Hinterm Cap haben sie Landschutz, und er kann alle Plünnen wieder setzen, denn Monika segelt die NINA auch nachts regattamäßig. Gustaf dampft aus sämtlichen Öffnungen, als sie frühmorgens in St. Florent einlaufen.

Das Weib hat ihn in einer Nacht geschafft! Als er nach dem Festmachen und Ausbringen des Heckankers total erschöpft in die Koje kriechen will, bleckt der Ladyskipper die gelben Zähne und ermahnt ihn, erst das Deck aufzuklaren und dann noch rasch Brötchen zu holen. Schlafen kann er nach dem Frühstück. Dabei lächelt ihr Mund breit und verheißungsvoll.

Gustaf gehorcht und pennt danach bis zum Abend. Dann verzieht er sich mit Frieda an Land in eine Hafenkneipe und kippt ein paar traurige Camparis. „Mann", sagt Frieda, „stell dich doch nicht so an. Nun siehste mal, wie Julchen und mir auf deiner SINDBAD zumute ist." Gustaf schüttelt den Kopf. Die Arbeit ist es ja nicht. Aber dieses furchtbare Weib mit seinem grausamen Mundwerk. Er wirft keinen Blick auf die Zitadelle und die Boulespieler unter den Platanen. Er ist sauer.

Am nächsten Tag verlassen sie St. Florent mit der Morgenbrise. Beim Einholen des Heckankers kugelt er sich fast die Schulter aus, und sein Hemd ist schon beim Frühstück durchgeschwitzt. Nachmittags steuern sie Calvi an, wo Gustaf einen perfekten Ankersalat serviert. Es ist bullenheiß, und der Hafen stinkt nach totem Fisch. Als der Anker endlich klar ist, schickt Monika ihn zum Wasserholen. Unterwegs verholt er sich ins schattige Café de L'Orient, wo die Fremdenlegionäre nach Dienstschluß ihren Pernod schlürfen. Dort zischt er mehrere Biere und kaut dazu aus der Tüte unlustig einen zähen Hämbörger von McDonald's.

In der folgenden Nacht ankern sie vor Porto in einer Bucht mit steilen Felsen. Gustaf gefällt die Ecke nicht. Er holt sich seinen Schlafsack ins Cockpit und schiebt freiwillig Ankerwache. Gegen 03.00 Uhr kommt Seewind auf, und sie müssen ankerauf gehen. Monika scheucht ihre Crew mit forschem „Dalli, dalli" aus den Kojen. Gustafs Stimmung ist auf dem Gefrierpunkt angelangt.

In Ajaccio ist das Klo verstopft. Da dieser Apparat in Friedas Zuständigkeit fällt, muß Gustaf ran. Natürlich! Vor Propriano fegt eine hart einfallende Mistral-Bö der NINA die Genua aus den Lieken, wofür Gustaf vorwurfsvolle Blicke der Kommandeuse einstecken muß. In

Bonifacio ist Gustaf vom angestauten Ärger giftig wie ein japanischer Fugu-Kugelfisch. Noch ein schiefer Blick von Monika, und er murkst sie ab. Zu allem Überfluß wird ihnen in der Capitainerie ein Liegeplatz vor der Mündung der städtischen Kloake zugewiesen, gegen deren Duft ein mit Schweinedreck gedüngtes Rübenfeld wie Chanel No. 5 anmutet.

Gustaf hat alles satt — die Korsaren (oder Korsen), die dämlichen weißen Käppis der Legionäre, die Zitadellen, Boulespieler, Napoleon, *fruits de mer*, Segelsetzen, Wasserholen und die ganze verdammte NINA mit ihrem unerträglichen, breitmäuligen Suffragetten-Kapitän und dem vertrottelten Ehegespons Rainer.

„Komm", sagt er zu Frieda, „pack die Klamotten — wir hauen ab!" Frieda mault ein wenig, aber fügt sich dann murrend. Eine Stunde später besteigen sie den scheppernden Bus nach Bastia und sind am nächsten Tag bei Julchen auf Elba. Sie wohnen im Hotel QUISISANA und sehen tagsüber den Segelübungen ihres Töchtings an den „Grotte del Paradiso" zu. Die Segellehrer sprechen breite Holsteiner Mundart. Es ist fast so wie in Schilksee. Nur weiter von Kiel entfernt — und wärmer.

Als sie nach Lehrgangsende auf dem Rückweg sind, faßt Gustaf drei feste Vorsätze: Nie mehr fremdgehen (d. h. bei fremden Leuten segeln). Einen Bogen schlagen um weibliche Kapitäne. Die eigene Crew in Zukunft (noch!) menschlicher behandeln.

Merke: Verwünscht, dreimal verwünscht sei diese Reise! (Schiller, Die Piccolomini)

Die Kälber-Koje

Was ein „Widerrist" ist, will Julchen wissen. Wozu, fragt Gustaf. Och, nur so. — Gustaf sieht im Lexikon nach: Widerrist ist der erhöhte Teil des Rückens bei Vierfüßern. Julchen zeigt auf ihre Schulterblätter: „Da, nöch?" — „Ja", sagt Gustaf, „wenn du eine Kuh bist." Julchen zieht eine Schnute und marschiert ab.

Danach fährt Gustaf zu seiner SINDBAD, deren Vorschiff „er am Umbauen ist" (wie man in Kiel zu sagen pflegt). Frieda hat angeordnet, daß Julchen zu ihrer Konfirmation eine neue Koje bekommt. Nicht mehr dieses dumme Klappdings, sondern eine richtige, fest eingebaute Seekoje. Mit Bord, Messinggriffen und Schubladen. An sich ist das Unsinn. Wenn das Gör die Flossen etwas anziehen würde, hätte die Gasrohrkoje noch ein paar Jahre gereicht. Aber man kennt ja Frieda!

Gustaf hat hin und her gerechnet — mehr als 1,70 m Länge ist nicht drin. Dabei ist Julchen schon 1,60 m lang. Und die Breite kann höchstens 60 cm betragen, wobei der Fußteil spitz zuläuft. Als er Julchen das verklart, reagiert sie cholerisch wie ein HB-Männchen: „Also hör mal, Vati, deine Knause latscht mich echt an. Ümmer wird an mir gespart. Bei neun Meter Kahn nur 1,70 für mich. So etwas Völliges von Irrsinn! Da schnallste glatt ab!“ Und raus ist sie.

Tags drauf kommt sie auf die Sache zurück. Wie hoch ihr Widerrist ist, will sie wissen. Gustaf schätzt: so um 1,40 m, ohne Kopf — aber wozu das? — Julchen verduftet ohne Antwort.

Am nächsten Abend nähert sie sich dem Vater mit fiesem Augenklappern von der Seite und reicht ihm einen Zettel mit einer blödsinnigen Mathe-Formel. „Kannste das mal ausrechnen, Vati?“ — Gustaf schiebt den Wisch fort. Können kann er schon, aber er will nicht. Jetzt jedenfalls nicht. Vielleicht später mal.

Doch die Lütte läßt nicht locker: Wenn sie nun ein Kälbchen wäre, ständen ihr gesetzlich zwei Quadratmeter zu. Aber als Tochter muß sie sich mit einer Koje von knapp einem Drittel begnügen. Ob er das etwa gerecht findet? „Hier sieh mal!“ Und sie reicht ihm einen Zeitungsausschnitt rüber. Darin liest der erstaunte Gustaf folgendes:

Aus dem neuen Entwurf für eine Kälberhaltungsverordnung: „Bei Gruppenhaltung muß für jedes Kalb in Abhängigkeit von der Widerristhöhe in Zentimetern (X) eine frei verfügbare Mindestfläche in Quadratmetern gem. nachstehender Formel vorhanden sein: Mindestfläche in cm^2 $= 0{,}40\,X^2 + 70\,X + 2{,}720.$“

„Ich hab das schon für dich ausgerechnet, Vati, du kannst das ja doch nicht. Bei einem Kälbchen mit einer Widerristhöhe von 1,40 m wären das glatt zwei Quadratmeter. Logo? Na, und meine Koje hat nur knapp 0,75 Quadratmeter. Was sagste nu? Wetten, daß du dich jetzt schämst?“

Nach diesem Gespräch hat Gustaf so viele Falten auf der Stirn, daß er seine Schippermütze aufschrauben könnte. O diese Frauen! Aber er findet dann doch eine Lösung! Ein Loch für Julchens Beine in das Kajütschott gesägt und Friedas Koje dafür um 20 Zentimeter verkürzt! Das löst das Frauenproblem elegant und genial.

Als er den Umbau beendet hat, ist er richtig stolz auf seine Intuition. Seine Frauen loben ihn. Und Julchen sagt sogar, sie fände das echt stark, und der Skipper wäre kein Oberhierarch mehr, sondern ein unheimlich dufter Riesentyp.

Worauf Gustaf strahlt wie bei einem Grand Hand mit Vieren, und alles ist wieder in Ordnung. Bis auf Friedas angewinkelte Beine. Aber das Leben besteht nun mal aus Kompromissen.

Merke: Ein Kompromiß ist die Kunst, einen Kuchen so zu teilen, daß jeder meint, er habe das größte Stück bekommen. (Ludwig Erhard, dt. Politiker)

Vox populi

Julchen sagt, das sei lateinisch und bedeute so viel wie „Stimme des Volkes". Also Quatsch, denkt Gustaf, denn was scheren ihn das Volk und sein Gemurmel. Doch da passiert ihm das Ding mit dem Tienesloot. Mannomann! Ausgerechnet bei den westfriesischen Wassergeusen (von denen es heißt, sie seien so spröde, daß sie zum Lachen in den Keller gehen), just dort bewahrt ihn dieser Po-Pulli (oder wie dat Ding heißt) vor dem dicksten Flop seines Lebens.

Dabei fing in IJlst alles so schön an. IJlst kennen Sie doch, oder? Nee —? Dann müssen Sie da bald mal hinfahren. Von Sneek aus vier Kilometer auf der Geeuw nach Südwesten. Dann sind Sie in IJlst. Wenn Sie den Namen nicht richtig aussprechen können, macht dat nix — die IJlster haben dafür ihre linguistischen Probleme mit Itzehoe und Buxtehude. Aber die Gegend ist hübsch. Dort gibt es u. a. die größte Ratte der Welt — „de Rat", ein windgetriebenes Sägewerk aus dem 17. Jahrhundert. Dazu Kanäle statt Straßen — blank wie der junge Morgen. Und entlang ihrer Ufer unzählige Gärten (sog. *overtuins*), die so gepflegt werden, als sei es für die Bundesgartenschau.

Vor allem aber hat der Yachthafen es Gustaf angetan, denn dort liegt der Motorkahn, den er für einen Pfingsttörn gechartert hat. Propper blitzend wie eine friesische Küche wird er ihm übergeben. Und sie daddeln damit gleich los in Richtung Sneeker Meer. Julchen steht am Ruder; Frieda kocht unter Deck Kaffee; Gustaf, locker und relaxed wie ein Hasch-Teen am Münchener Monopterus, hantiert verklärt mit Waterkaart und Toerist-

Almanak. Es ist wie auf der SINDBAD, nur erholsamer. Und ohne Schaukelei.

Da auf dem Margriet Kanaal ziemlicher Betrieb herrscht, sucht Gustaf auf der Karte nach einer stillen Nebenstrecke. Plötzlich frohlockt er, als habe er soeben das lauwarme Wasser erfunden: Er hat kurz hinter Kilometer 73 den *Tienesloot* entdeckt, einen verträumten Wasserweg, der im Bogen von Süden her ins Sneeker Meer führt. Breite Seerosenfelder säumen seine Ufer, und die Tiefe dürfte auch ausreichen, da alle Gewässer ringsum anderthalb bis zwei Meter tief sind. Komisch nur, daß dort außer ihm niemand durchfährt. Nur ein paar Anglerkähne in der Mündung. Sonst nix.

Gustaf übernimmt gelassen das Ruder — Pulle rein und Ruder hart Steuerbord. Aber da hüpfen die Angler in die Höhe wie Wolpertinger auf der Balz und wedeln heftig mit den Armen. „Mensch, Vati“, schreit Julchen, „halt doch mal an! Die wollen was von uns!“

„Quatsch“, sagt Gustaf und denkt an einen friedlichen Abend auf dem Sneeker Meer in einer stillen Ankerbucht. — Julchen schüttelt den Kopf über den Käptn am Ruder; so was von beknackt, also das rußt einen ganz schön. Und sie ruft die Mutter, damit die den irren Driver stoppt. Frieda tut das einzige Vernünftige: Sie langt zum Armaturenbrett und zieht den Unterbrecherknopf. — Der Diesel verröchelt mit ein paar asthmatischen Schnaufern; das Boot treibt lautlos an den Anglern vorbei.

„Stop, niet verder! Veel to vlak voor U!“ (Halt, nicht weiter! Viel zu flach für Sie!) schallt es zurück. Und danach, etwas leiser: *„Altijd deze Moffen met uwe Plezierpoeper!“* (Immer diese Deutschen mit ihren Stinkkästen!)

Wieso soll er nicht weiterfahren, wundert sich Gustaf. Bei Einsfünfzig sind doch noch 60 Zentimeter Wasser unterm Kiel. Und eine Brücke steht auch nicht im Weg. „Angler!!“ knurrt er giftig und hält das für ein Optimum an Verachtung. Dann startet er den Diesel und gibt Gas: Weiter! — Was sonst?

Doch da springen die Angler erneut in die Höhe. Sie schreien laut *„Stop!“* und rudern wie wild mit den Armen. „Hampelmänner“, knurrt Gustaf gereizt und möchte ihnen am liebsten einen Vogel zeigen. Aber Julchen zerrt ihm den Arm runter. Und Frieda ruft ihm zu, er soll, verdammt noch mal, umdrehen und einen anderen Weg fahren. — Also dreht Gustaf um, wobei er den Anglern einen vernichtenden Blick zuwirft. Wenn schon Moffe, dann auch gründlich! Doch die winken ihm freundlich und, wie es scheint, fast erleichtert zu: *„Goede vaart!“*

Gustaf knirscht mit den Zähnen. Diese Weiber! Na warte, die sollen ihn noch kennenlernen! — Julchen muß ans Ruder; Frieda setzt das Kaffeekochen fort; der Skipper beschäftigt sich mit der Karte, und zwar etwas genauer als vorher. Doch was er dort entdeckt, läßt ihn still werden: Da, wo das Wort „Tienesloot“ fett in die Karte eingedruckt ist, verdeckt der schwarze Buchstabe „T“ eine rote Wassertiefenangabe „D 5“, also 50 Zen-

timeter. — Düvel ok, da hätte er sich ganz schön im Schlick festgebuttert, wenn ihn die Angler nicht... Psst — am besten schweigt man darüber.

Doch da hat er seine Mädchen unterschätzt. Kaum hat er Julchen am Ruder abgelöst, schnappt sich die Deern schon die Karte. Und kurz darauf geht das Gekeife los: „Mutti, Muttiih — ich denk', mir fallen die Ohren ab! Sieh bloß mal, wie dem Käptn hier die Kette abgesprungen ist. Einfach ätzend!" Und sie schwenkt die Karte triumphierend und zeigt der Mutter das versteckte „D 5".

Gustaf ist total am Boden zerstört und wünscht sich weit weg. Ob so 'ne „Stimme des Volkes" vielleicht doch kein Quatsch ist?

Merke: ... und er schrieb in seine Wochenchronik: Wieder ein Erlebnis voll von Honig. (Chr. Morgenstern, Palmström)

Schamott'

Seine Yachtzeitschrift bedeutet für Gustaf etwa das, was vor 100 Jahren der „Lahrer Hinkender Bote" für die nach Neuigkeiten dürstenden Schwarzwaldbauern war: ein verwegener Blick in die große, weite Welt. Und so kann er es kaum erwarten, daß der Briefkasten-Deckel zweimal im Monat aufregend scheppert und er sich mit seiner Bootspostille in eine stille Ecke verholen kann.

Am besten gefallen ihm die Vergleichs-Tests, wo 20 Typen eines Bootes oder Geräts eingehend beschrieben, getestet und miteinander verglichen werden. Wenn Gustaf das so liest, findet er alle Modelle gut, und er könnte sich nur schwer für ein bestimmtes Fabrikat entscheiden — sofern er es überhaupt vorhätte. Es ist doch schön zu lesen, wieviel Mühe sich die Tester geben, die guten und miesen Punkte auf alle getesteten Objekte gleichmäßig zu verteilen. Wenn Modell A im Preis zu hoch erscheint, klemmt dafür bei B der Nippel in der Lasche. Und ein zusätzliches Acrylfenster im Vorluk von C kann D durch unbegrenzte Stehhöhe im Cockpit ausgleichen.

Was Gustaf dabei etwas bedrückt, ist der Umstand, daß niemals solche Dinge getestet werden, die er auf seiner SINDBAD schon vor Jahren — ach, vor Jahrenden! — eingeführt hat, mit Erfolg erprobte und seitdem zur vollsten Zufriedenheit benutzt. Sicher sind sie zu primitiv für die heutigen technisch hochgebildeten Segelingenieure. Oder zu billig. Oder zu haltbar. Wer weiß das schon? Jedenfalls hat sich bisher kein Fabrikant gefunden, der sich für Gustafs bahnbrechende Erfindungen interessiert.

Etwa für die aufgeschnittenen Tennisbälle auf den Salingnocken (zum Schutz des aufgefierten Großsegels). Oder sein einmaliges Standerleinenspannsystem (ein Stück Bleirohr auf dem Want gleitend). Oder seine geniale Ruderarretierung (ein um die Pinne geschlungener Nylonbindfaden, dessen Spannung mittels Miniklampe reguliert wird). Oder sein Einmann-Relingslog (eine vorbeitreibende Bierbuddel: 10 sek = 2 kn, 7 sek = 4 kn, 4 sek = 6 kn). Ach — die SINDBAD steckt von der Kielsohle bis zum Flaggenknopf voll solcher Kolumbuseier. Doch die Welt straft Gustafs Erfindergeist durch Nichtbeachtung.

So bleibt auch die für Friedas schmerzgeplagten Rheumarücken eigens konzipierte Bordheizung der Um- und Nachwelt verborgen. Gustaf hat in seinem „Lahrer Hinkenden Boten" lange gesucht, ob es zwischen San Franzisko und Laboe etwas Vergleichbares je gegeben hat. Es scheint nicht so. Da gibt es Kohleöfen, aus denen sengende Glut herausfällt; Gasheizungen, deren Leitung undicht werden kann; Petroleumöfen, die sich durch Bedienungsfehler in brennende Christbäume verwandeln; Katalyt-, Elektro- und Warmwasserheizungen mit unverständlichen ausländischen Betriebsanleitungen; Schwingfeuersysteme, die stinken, blaken, lärmen oder mit ihrer trockenen Luft den Hals des Käptns zu einem Plastikschlauch ausdörren. Sie alle verbrauchen mehr Energie als sie spenden; manche produzieren nebenher auch Kohlenmonoxyd; viele kosten mehr als drei Vorsegel. Und weil sie zum Teil Sauerstoffverbraucher sind, muß man alle Luken aufmachen, um frischen Ozon hereinzulassen, der die Wärme hinausdrängt. Dazu Durchbrüche in Deck, Schott und Außenhaut, kostbaren Batteriestrom und Thermostate. — Wat 'n Quatsch, meint Gustaf.

Nee, er schwört auf seinen bewährten Schamottestein-Bordofen. Kostet nix, wärmt gut und braucht keine Wartung. Sein Freund Schult hat es damit sogar wochenlang im Eismeer ausgehalten, benutzte aber als Stövchen einen Blumentopf. Doch der geht Gustaf zu leicht kaputt. Nee — ein Schamottestein muß es sein. Sein letzter stammt noch von Heinis Hausbau und dient ihm nun schon im zweiten Jahrzehnt. Nachts stellt Gustaf seinen Kocher auf Zimmerlautstärke, packt den Stein obendrauf — und schon hat Frieda mit ihrem Kreuz kein Kreuz mehr. Sauerstoffmangel? Pah — da kann Gustaf nur lachen: auf der SINDBAD zieht es ohnehin wie Hechtsuppe. Da ist eher *zuviel* Sauerstoff.

Der Stein ist Gustaf richtig ans Herz gewachsen. Wie oft hat er seine durchgeweichten Filzsocken darauf getrocknet. Unzählige Male hat er Friedas Koje mit ihm vorgewärmt; er selbst hat im Cockpit darauf gesessen; Julchen hat damit, als sie noch klein war, Bauklotz gespielt.

Der gute, alte Schamotteofen! Billig, haltbar, energiesparend, wirksam und vielseitig verwendbar. Ein richtiger Freund fürs Leben! Gustaf muß doch mal an die Yachtzeitschrift schreiben, daß sie die verschiedenen Steinsorten testen läßt. Vielleicht sind Römertöpfe, Klinkerziegel oder Lehmpatzen ja noch besser als Schamotte. Aber ob die Heizungsfabrikanten das zulassen?

Merke: Nur das Experiment gibt Gewißheit. (Albertus Magnus)

Dialog mit der Jugend

Gustaf sitzt mit Fiete und Otje am Schiffertisch. Sie lamentieren über den ständigen Ärger mit ihrer jugendlichen Mannschaft. Fiete hört schon den Teredowurm im Wassergang ticken, und er fragt die Freunde besorgt, ob sie mit ihren Kindern überhaupt noch richtig reden können. — Wieso dat, meint Gustaf, klar kann er mit Julchen reden. — Gut, aber worüber sie denn miteinander reden? — Worüber? Ja, worüber eigentlich? Mal nachdenken ...: Über die fette Fünf in Mathe natürlich. Und wieso sie einen blauen Fender an ihrer Jolle hat, wo er ihr doch vier weiße gekauft hat. Oder wo sie sich wieder mal bis zum Abendessen herumgetrieben hat.

Mann, sagt Fiete, das sind doch keine Gespräche. Ob er mit Julchen denn nie über ihre Probleme spricht oder sie fragt, wie die Jugend so über die Ollen denkt. — Gustaf räuspert sich verlegen. Gespräche? Nee, richtige Gespräche führen sie eigentlich nie. Hat ja auch wenig Sinn, denn verstehen tut er dat Gör ja doch nicht. Seit sie ihre eigene Jolle segelt und dauernd mit der „Klicke" im Hafen zusammen ist, sieht er sie ohnehin selten. Und wenn, dann gibt es rasch Streit, denn sie ist grundsätzlich „anti". (Die reinste Antilope, hat Frieda neulich bissig bemerkt.)

Fiete und Otje stimmen dem zu; ihnen geht es genauso. Wenn man den Gören was sagt, hören sie gar nicht hin. Und was sie selber sagen (wenn sie es überhaupt tun), klingt in Elternohren wie Chinesisch. Hat doch Fiete seiner Gisela jüngst eine Gardinenpredigt gehalten, weil ihr Moped-Auspuff total durchgerostet war. Und was hat sie ihm geantwortet?: „Hör mal, Grandy, wenn du dich schon mit mir kommunikativ integrieren willst, dann konfrontiere mich bitte nicht ständig mit der Tatsache, daß du meine Existenz kritisch hinterfragst!" — Ende der Stange! Was sollte er dazu noch sagen?

Otje beklagt sich auch. „Mein Harald nennt mich nur noch Vati, wenn er Geld braucht. Sonst bin ich für ihn nur ‚der Oldie, der ihm so was von auf den Geist geht' —." Och, feixt Fiete, das ist doch garnix! Was seine Gisela ist, die hat ihn neulich einen abgeschlafften Overtwen genannt, bloß weil er beanstandete, daß sie mit einem T-Shirt segeln wollte, auf dem „Anarchie schadet nie!" stand. Und das in unserem Klub!

Dabei fällt Gustaf ein, Julchen früher auch mal mit so einem Fummel gesehen zu haben, auf dem noch was viel Schlimmeres stand, nämlich „Haut die Bullen platt wie Stullen!" oder so. Aber er hat das Hemd sofort konfisziert, mein Gott, die Deern macht sich ja direkt strafbar mit so was. Überhaupt der Ausdruck „Bulle"! (Er selbst benutzt ihn nur im äußersten Notfall.)

Fietes Gisela hat kürzlich auf dem Bootssteg eine Bottelparty für die Clique gegeben. Da hat Fiete ganz unauffällig vom Cockpit aus zugehört. Doch er hat nicht ein einziges Wort von dem verstanden, was die Jugendlichen da quatschten. Und dazu diese quäkenden Recorder! Nachher hat er sich seine Tochter vorgeknöpft. Was aber antwortete sie ihm? „Mensch Nervi, nun hetzt du schon wieder alle deinen kleinen weißen Lymphozellen auf mich! Dabei tangiert mich deine reaktionäre Idiomatik nur ganz peripher."

Tschä, und Gustaf erwähnt beiläufig, daß er kürzlich die Taktlosigkeit beging, Julchen einen lausigen Punk zu nennen. Und das, obwohl sie inzwischen zu den Poppern gehörte (was immer das auch sein mochte). Na, da war vielleicht was los! Mit dem linken Auge, das nicht von der gewaltigen Haartolle verdeckt war, hat sie ihn angeblitzt und auf den Kaschmirschal gedeutet, der um ihren Hals getüdelt war. Der schien das Erkennungszeichen echter Popperkreise zu sein. Woher sollen Väter das aber wissen, wenn es ihnen niemand sagt?

Die Freunde reden Gustaf zu, das nicht so eng zu sehen. Popper ist immerhin besser als Punk. Und wenn Julchen alle früheren Entwicklungsphasen von Disco über New Wave zum Ökofreak unbeschadet überstanden hat, kann er guter Hoffnung sein, daß sich ihr *rechtes* Auge bald wieder zweckentsprechend verwenden läßt. Es ist eigentlich gar nicht so schwer, mit der Jugend klarzukommen.

Nur *reden* mit ihr, also das erscheint allen ziemlich problematisch.

Sponsoren

Wie die meisten Tourenskipper hat auch Gustaf immer geglaubt, die Schnapsbrenner, Bierbrauer, Staubsauger-Fabrikanten, Zigarettenkonzerne und Kugelschreiber-Barone steckten das viele Geld nur in die Hochsee-Rennsegelei, um damit die eigene Nase zu vergolden. Besonders wenn die See-Akrobatik einhand betrieben wird. Hauptsache, der Name der firmeneigenen Rennyacht erscheint möglichst oft in der Tagespresse, und die Fernseh-Tagesschau bringt das Markenzeichen im Segel schön groß und unübersehbar in Farbe.

Was bedeuten da schon die paar investierten Millionen! Die Reklame holt alles wieder rein. Na ja, ab und zu versäuft mal einer. Aber das liegt schließlich nicht an der Biermarke auf seinem Segel, sondern an seinem Leichtsinn. Und die Verlustquote hält sich ja in erträglichen Grenzen — unter fünf Prozent jedenfalls. Fünf Ausfälle auf 100, das ist so gut wie gar nichts! Zumal auch ertrunkene Einhand-Segler sich noch PR-trächtig vermarkten lassen.

So, meint Gustaf, denken viele Sponsoren, und das findet er schäbig. Er ließe sich jedenfalls nicht von einer Zigarettenfirma um den Globus hetzen. Und er versteht auch nicht recht, warum andere sich danach drängen. Zumal manche Sponsoren angeblich hin und wieder recht bedenkliche Tricks anwenden, um ihr Risiko kleinzuhalten. So wollen Insider wissen, ein großer Elektrokonzern habe als Sponsor dem Einhand-Segler Donald Crowhurst den Trimaran für die Nonstop-Einhand-Weltumseglung nur unter der Bedingung *unentgeltlich* zur Verfügung gestellt, daß er das Rennen als *Sieger* beende. Andernfalls würde man dem ohnehin hoch verschuldeten Crowhurst gepfefferte Charterkosten in Rechnung stellen. Das sei eben seine Chance, soll man gesagt haben.

Crowhurst selbst kann dazu nichts sagen, denn er verschwand spurlos von Bord seines Schiffes. Man fand den Trimaran unbemannt auf hoher See, nachdem er 243 Tage auf dem Atlantik umhergetrieben war. Vom Skipper hat man nie wieder etwas gehört.

Wenn Gustaf daran denkt, fallen ihm die Geschichten von den tapferen Christen ein, welche Nero gegen Löwen kämpfen ließ. Diese Christen hatten auch echte Chancen. Sie mußten sie nur nutzen. So ist das eben bei *panem et circenses*. Damals so wie heute.

Aber da lernt Gustaf letzten Sommer auf Anholt einen wirklichen Sponsor persönlich kennen. Und der hat ihm bei einem Hafenrees die Sache mit dem Mäzenatentum mal so richtig verklart. Danach ist alles Quatsch, was Gustaf bisher von den Sponsoren gedacht hat. Die machen dat gar nicht wegen der Reklame. Nee, aus reinem Idealismus! Und das Ganze ist sowieso ein Riesenzusatzgeschäft. Sicher freuen sich die Konzerne, wenn ihre Zigarettenmarke im Fernsehen gratis erscheint. Und auch die Verkaufszahlen für Rum werden durch solcherlei Schleichwerbung nicht gerade rückläufig beeinflußt. Was aber, wenn der gesponsorte Spezi am Tampen hängt? Oder aufgibt wegen Blinddarm-Reizung? Oder im Orkan absäuft? — Dann ist alles Geld im Eimer. Und dazu die Blamage! Eine richtige Negativ-Werbung ist das dann.

Nee, Sponsoren haben echte Sorgen! Sie machen das ja eigentlich nur, weil sich so viele Segler danach drängen, gesponsort zu werden. Und unter den vielen Bewerbern die potentiellen späteren Sieger herauszufiltern, *das* macht das Mäzenatentum so schwierig und riskant, daß es sich eigentlich gar nicht lohnt.

„Na", sagt Gustaf, „es soll doch auch Firmen geben, die sich entsprechend absichern." Der Rumkönig zuckt zusammen. „Sie meinen doch wohl nicht diesen Crowhurst? Das ist viele Jahre her und war die große Ausnahme. Der Mann war krank. Der wäre von mir niemals gesponsort worden."

Nein, denkt Gustaf, natürlich nicht. Gesund muß man sein, um für Konzerne Gewinne abzuwerfen; dazu erfolgstüchtig, plakettengeil und siegesschwanger. Wer dann noch 100 Stunden ohne Schlaf auskommen kann, Orkane abwettert wie einen Regenschauer und nicht jammert, wenn mal der Fuß von der Ankerwinsch zerquetscht wird, der hat echte Chancen, als Superstar die Mäzene zu erfreuen, indem er wie eine gesengte Sau um Kap Hoorn herumflitzt und damit den Zigarettenumsatz akzeleriert.

Panem et circenses. Ganz wie die Christen in der Löwengrube. Man muß die Chancen, die das Leben einem großmütig bietet, nur nutzen. Dann wird's schon klappen. Oder auch nicht.

Merke: Und setzet ihr nicht das Leben ein, nie wird euch das Leben gewonnen sein! (Fr. Schiller, Wallensteins Lager)

Rundläufer

Mit den Jugos und ihren Häfen hat Gustaf so seine Erfahrungen gemacht — damals, als er Hauke Blohms neuen Dampfer von Grado nach Rijeka überführte. Erst der Schiet mit der Grundkette in Luka Rabac, als die Bora sie in Stücke blasen wollte. Na, und dann am nächsten Tag die Sache mit den Rundläufern. Was das ist? Das hätte Gustaf damals auch gern gewußt. Aber es gibt sie wirklich!

Gustaf, Hauke und Oswin waren frühmorgens mit der RÜMDRIEWER von Rabac ausgelaufen. Sie hatten noch zwei Tage Zeit. Warum also direkt die 20 Meilen nach Rijeka gegen den Nordost aufkreuzen? Beim Kap Jablanak an der Nordspitze der Insel Cres war ihnen die Lust am Gegenanbolzen vergangen. Sie drehten nach Süden ab in den Srednja Sund, um der Insel Krk mal einen Besuch abzustatten; 25 Meilen bis zur Südspitze — bei raumem Wind ein Fünfstunden-Törn.

Als sie mittags am Südzipfel von Krk die Meerenge Senjska Vrata passieren, dreht beim Kap Skuljica der Wind auf Südwest. Deshalb schippern sie unter Spinnaker weiter nach Nordosten, um hinter Kap Sokol einen ruhigen Platz für die Nacht aufzusuchen.

Gustaf, der für die Navigation zuständig ist, entschließt sich, nach eingehendem Studium des nautischen Handbuchs und der Seekarte, im Velebitski Kanal hinter der Insel Zecevo vor Anker zu gehen. Aber so genau hat er die Karte auch wieder nicht studiert. Sonst hätte er nämlich die strömungsfreie, windgeschützte Ankerbucht von Mala Luka vorgezogen, die, nur zwei Seemeilen von Zecevo entfernt, im Schutz der Steilküste weitaus mehr Sicherheit für die Nacht bietet.

Doch man kennt ja die Segler und ihren Insel-Fetischismus. Mag das Eiland auch noch so lütt und windig sein — Insel bleibt Insel. So also auch hier. Als sie gegen 16.00 Uhr ihren Anker hinter dem etwa fünf Hektar großen, bewaldeten Steinfelsen auf drei Meter Wassertiefe ausbringen, ist die Welt noch in Ordnung. Der Himmel zeigt reinstes Adriablau; der Wind fächelt lau in den Kronen der duftenden Zypressen; Hauke klart das Deck auf; Oswin kocht Labskaus aus der Dose; Gustaf erholt sich im Cockpit von den Strapazen der Navigation. Fürwahr ein Bild friedlichster Entspannung unter adriatischer Sonne: Urlaub!

Als Gustaf in seiner Navigationsmappe kramt, fällt ihm ein vervielfältigtes Schreibmaschinen-Manuskript in die Hände. Es ist in schlechtem Deutsch verfaßt und trägt den Titel: ODOBRENJE — WEISUNG FUER VERHALTEN VON JACHTKAPITANS AUF ISTRISCHE GEWAESSEREN. Der Skipper entsinnt sich, daß man es ihm auf der Kapitaneria von Pula beim Einklarieren nebst anderen Papieren in die Hand drückte. Als er darin blättert, fällt sein Blick auf ein Kapitel mit der Überschrift „GEFAHR BEI RUNDLAEUFEREN".

Rundläufer? Wat'n Quatsch! Er kennt Rundstücke, Dwarsläufer, Handläufe und ein Turngerät namens Rundlauf. Aber das kann es alles nicht sein. Und was er dann auf Seite 5 liest, macht ihn auch nicht schlauer: *„Vorsicht bei Ankeren an kleine Otoci (Insula) wegen Gefahr von Rundlaueferen bei Starkwind."*

Otoci? Das mochten Inseln sein. Aber Rundläufer? Er fragt die anderen, doch die lachen ihn nur aus. „Typisch Gustaf", sagen sie, „ — das fleischgewordene Symbol für Perfektionismus." — Denn nicht, denkt Gustaf und gibt sich zufrieden. Und das ist ein großer Fehler.

Abends bauen sich von Süden her raschziehende und sich zunehmend verdichtende Schäfchenwolken auf (in gebildeten Seemannskreisen *altocumuli* genannt). Die hätten Gustaf auf der Ostsee vielleicht beunruhigt. Aber hier? Sicher ist das hier immer so, denkt er. Und das ist der nächste Fehler des Navigators aus Kiel. Hätte er sich nämlich den Wetterteil im nautischen Handbuch angesehen, wäre er auf folgenden Hinweis gestoßen: *„Nach tagsüber flauen bis leichten Winden aus N-NO weist rasch aufziehende Bewölkung aus südlicher Richtung am Abendhimmel oft auf in der Nacht plötzlich einsetzenden Scirocco hin."* Aber das hat er ja nicht gelesen.

Um Mitternacht fällt er fast aus der Koje, weil der Kahn wie ein Trawler vor Island schlingert. Da weiß er mit einmal, was es mit den „Rundläufern" in der Broschüre für eine Bewandtnis hat. Mannomann! — Der Scirocco ist mit SSW 6 bis 7

die jugoslawische Küste entlanggefegt und hat auf seiner Zugbahn die Wasser des Velebitski Kanals zu kurzen, brandenden Kaventsmännern gestaucht. Die kleine Insel Zecevo, hinter der Gustaf ankert, bildet dabei kein Hindernis. Im Gegenteil: Sie verstärkt die Düsenwirkung der Kanal-Enge; die Brecher schäumen um sie herum und bilden dahinter eine Kabbelsee von beachtlicher Turbulenz; mittendrin rollt und schlingert die kleine RÜMDRIEWER sich und ihrer Mannschaft die Seele aus dem Leib. Jetzt weiß Gustaf, was „Rundläufer" sind. Er wird es nie vergessen!

Über den weiteren Verlauf der Reise schweigt man besser. Als ihnen das Geschaukel zu dumm wird, gehen sie ankerauf und suchen Windschutz in der Bucht von Mala Luka. Gegen Morgen wird es handiger, und sie zischen in wenigen Stunden durch den Vinodolski Kanal nach Rijeka. Als sie unter der neuen Brükke, die Krk mit dem Festland verbindet, durchlaufen, atmen sie erleichtert auf: Das hätte leicht schiefgehen können. Und Gustaf schämt sich. Er gibt ehrlich (wenn auch ungern) zu, daß seine Umsegelung von Krk alles andere als ein nautisches Meisterstück war. „Zlatni Otok" (*Goldene* Insel) heißt Krk bei den Einheimischen. Gustaf meint, *Dublee* würde es auch tun.

Merke: Denn also sprach Zahnarzt Thustra: „Dem Satten raubt das Gold zur Nacht den Schlaf." (frei nach Fr. Nietzsche)

Nordsee = Mordsee

Prinzipien...! Schon bald wird Gustaf seinem auf Korsika gefaßten Vorsatz, nicht mehr mit anderen zu segeln, untreu. Und so schippert er zu Pfingsten mit Fiete und Adelheid auf deren neuer SCHWENTINE nach Helgoland. Frieda und Julchen passen. Nordsee? Nee! Und schon gar nicht mit Gustaf. Aber Gustaf läßt sich Helgoland nicht entgehen: Helgoland ist „Anholt im Ohnsorg-Theater".

Vorher fragt er Fiete, ob er auch die neuesten Karten an Bord habe. Alles komplett, sagt Fiete. Keine Karte älter als zwei Jahre. So dampfen die drei am Donnerstagnachmittag los und sind nach glatt verlaufener Daddelei durch den Nord-Ostsee-Kanal (einschließlich fauler Bauernnacht im Gieselaukanal) am Freitagabend in Cuxhaven. Gustaf schnappt sich im Hafen einen Macker und quetscht ihn aus. Von wegen Helgoland und so. Und wie das am nächsten Morgen mit der Tide ist.

„Klock dree hebbt wie Släckwoter. Denn jümmers längs de Tünn. God klorholln vun Scharhörn und 6–7 Stun'n Kurs 300 stüern. Denn sünd ji dor!" Klingt recht einfach, findet Gustaf: Drei Uhr früh bei Stillwasser auslaufen und immer den Tonnenstrich entlang. Für gutes Freihalten von Scharhörn wird er schon sorgen. Das walte Hugo!

Es glast halb drei, und sie machen die SCHWENTINE klar. Um 03.00 Uhr laufen sie aus. Es ist noch schummrig, aber man kann erkennen, wo es lang geht. Im Neuwerker Fahrwasser weht es schwach von achtern, und die Plünnen schlackern lustlos in der Dünung. Deshalb lassen sie den Motor laufen, bis der Strom mitsetzt.

Sie passieren die Mittelgrund-Baken. Dahinter sind ein paar grüne Tonnen, die Gustaf für Wracktonnen hält, weil Steuerbord-Fahrwassertonnen bekanntlich schwarz aussehen. Büschen viele Wracks, wundert er sich und umfährt sie südlich. Das Feuerschiff ELBE 2 ist auch nicht zu sehen. Aber der Antennenmast querab könnte Scharhörn sein. Nur voraus die grüne Tonne 7a, die stört ihn. Nach der Karte ist die 7a schwarz und liegt viel nördlicher. Also schippert er südlich daran vorbei — mit großem Abstand, sicher ist sicher.

Da kommt plötzlich Druck auf die Segel. Das Schiff knirscht sonderbar mit den Zähnen und macht eine Verbeugung. Gustaf wird die Pinne aus der Hand geschlagen. Am Heck staut sich ein Wasserschwall und zieht gurgelnd an der Außenhaut vorbei nach vorn. Es ist, als führen sie rückwärts. Aber ein Blick zur Tonne zeigt ihnen, daß die Peilung steht. Was ist los? Na, was schon — sie sitzen auf Schiet. Und das mitten im Fahrwasser? Es ist 05.30 Uhr.

Maschinenmanöver und Krängen nützen nichts. Nach zehn Minuten kriegt die SCHWENTINE Schlagseite. Schiffe sind weit und breit nicht zu sehen. Eine halbe Stunde später kippt der Kahn erst zur Seite und dann vorn über. Kein Wunder bei dem dämlichen Stummelkiel, aber Gustaf hat nicht damit gerechnet, daß es so früh passiert. Sie dichten das Vorluk mit Klebeband ab. Wer weiß, wie hoch das Wasser steigt, wenn die Flut sie wieder aufrichtet. *Wenn!?* Vielleicht bleiben sie ja auch so liegen — mit 50 Grad Schlagseite, die Schnauze im Elbschlick vergraben. Scheiß Nordsee!

Ein Container passiert dicht an Steuerbord. Ulkig, nöch? Und *nördlich* der Tonne, wo eigentlich Sand sein müßte! Er macht Tuut-tuut mit dem Typhon, was wohl soviel heißen soll wie „Ruhe sanft!" Nach einer Stunde können sie aussteigen und um die Yacht herumspazieren. Sie sehen es jetzt deutlich: Südlich der Tonne liegt das Watt. Ist die Tonne vertrieben? Oder sind sie ganz woanders? — Eine Motoryacht zieht vorüber. Gustaf blinkt sie an; er will wissen, wo sie sind. Aber der Motorskipper winkt ab. Vielleicht meint er, sie seien absichtlich trockengefallen.

Später kommt die Flut und mit ihr einige Schiffe. Alle passieren die Tonne nördlich auf der falschen Seite, aber niemand brummt auf. Gustaf bringt trockenen Fußes den Anker aus und wartet ab. Um 13.00 Uhr beginnt die SCHWENTINE mit kleinen Stößen aufzuschwimmen. Gottlob ist der Wind flau und die Dünung schwach.

Sie erwarten vor Anker das Einsetzen der Ebbe, und ab geht's weiter in Richtung Helgoland. Gustaf hat sich hinter einen Hamburger Segler gehängt und benutzt ihn als Lotsen. Alles fährt auf der falschen Seite des Tonnenstrichs, aber merkwürdigerweise ohne aufzubrummen.

Am frühen Abend sind sie in Helgoland. Proppenvoll! Die SCHWENTINE geht auf Päckchen. Gustaf schnappt sich die Karte, um dem Nebenmann von ihrem Abenteuer zu berichten. Der lacht. „Wie heißt euer Schiff? ‚Schwentine'? Ist das nicht bei Kiel? Ha, ha, da hättet ihr besser bleiben sollen! Leute, was wollt ihr auf der Elbe?"

Gustaf versteht immer noch nicht und zeigt mit dem Zeigefinger dahin, wo auf seiner Karte die Tonne 7a ist. „Mann — habt ihr denn in Kiel nichts davon gehört, daß die Betonnung geändert ist? System A: grün und rot. ELBE 2 und 3 wurden längst eingezogen, und die Tonne 7a ist eine Fahrwassertonne, die umgelegt wurde. Sie lag früher am nördlichen Rand des Fahrwassers und liegt jetzt an der südlichen Kante. Seit vergangenem Jahr schon! Ihr seid auf dem Scharhörn-Riff gestrandet! Kauft euch ab und zu mal neue Karten. Oder laßt die alten berichtigen. — Quiddjes!!"

Gustaf ist stinksauer. Wo die Karten doch *fast* neu waren. Höchstens zwei Jahre alt. Nie wieder Nordsee! — Nordsee? MORDSEE!!

Merke: Es gibt für Unbelehrbare nur ein Heilmittel — die Katastrophe. (frei nach Chr. Morgenstern)

Chiemsee-Zauber

Frieda hat es wieder geschafft und ihren Skipper zum Vetter Max an den Chiemsee verschleppt. Nur für eine Woche, aber es war schwer genug. Früher hielt Gustaf gar nix von seinem südlichen Antipoden. Aber seit das Bayerische Meer Max und ihm vor Jahren mal demonstrierte, was eine echt bajuwarische Gewitterbö ist, stieg sein Respekt vor der weißblauen Seefahrt enorm. Nur daß er den Teich immer noch „Tschiemsee“ nennt, will dem Vetter nicht gefallen. Aber Gustaf meint, es hieße ja auch „Tschina“ und „Tschopeng“. Na schön —.

Von Söll aus, wo Max zu Hause ist, machen Frieda und Gustaf Samstagnachmittag einen Ausflug nach Prien, weil da angeblich (!) die meisten Boote sein sollen. — Im Ort herrscht eine Bruthitze, und die Nordländer fliehen gleich ans Wasser. Doch die zum Ufer führende „Seestraße“ erweist sich als endlose „Landstraße“, und erst nach einer halben Stunde stehen sie an der Seepromenade und atmen tief auf. Teils weil ihnen beim Fußmarsch die Luft knapp geworden ist, teils aus Ergriffenheit.

Ischa auch toll, der Blick auf das herrliche Alpenpanorama. Und mitten im See die Herreninsel mit ihren hohen Bäumen, hinter denen das Schloß von Ludwig Zwo liegen soll, welches man sogar sehen könnte, wenn die Bäume nicht wären. Ach wat, gesehen oder nicht gesehen — man war da, dat genügt!

Wo denn die Schiffe seien, fragt Gustaf den Bootsvermieter am Hafen. „Na do“, sagt der und zeigt auf seine elektrogetriebenen Nußschalen. Nee, meint Gustaf, die richtigen, die Yachten. „Wos mägst?“ fragt der Kleinreeder. Na, wo halt die Segelboote wären. „Ja dees —“, sagt der Vermieter und weist nach links zur Bootswerft. Und dann nach rechts zur Harraser Straße. „Do san die Schifferl und das ganze Glump!“

Die beiden latschen also gen Harras und entdecken viele Bäume, Zäune und Schilder. Sicher mögen dort auch ein paar Yachten verborgen sein, aber sie haben die Nase voll. Nach einer Stunde stehen sie schweißgebadet wieder am Hafen. Der Vermieter sagt „Grüasgod beinand!“ und wundert sich kein bißchen, daß sie keine Yachten sahen. Warum nehmen sie nicht eins von seinen Schinakeln? Damit können sie alle am Ufer gelegenen Yachtliegeplätze abfahren. Na schön, meint Gustaf, warum eigentlich nicht.

Ob sie eins von den roten haben wollen oder ein blaues. — Rot? Besser nicht, denkt Gustaf und fragt, was die Farben denn bedeuten. Jo mei, meint der Hiasl, die roten laufen halt 5 km und die blauen 8 — die reinsten Scorcher. — „Skortscher“ klingt gut, findet Gustaf und besteigt die blaue Nr. 5. Frieda nimmt neben ihm Platz. Wenn das man gut geht. — Es geht gut. Jedenfalls vorerst. Der See ist glatt wie eine Rauhfasertapete nach dem dritten Anstrich, und Nr. 5 macht flotte Fahrt. Man hört nichts als das Klötern der Bugwelle und unterwärts ein leises Summen.

Sie machen einen Schlag zum Yachtclub an der Harraser Straße. Sie besichtigen aus der Ferne die Segelschule. Mannomann, wat fürn'n Haufen Schiffe überall an Stegen und Bojen — ischa fast wie zu Hause! Dann schippern sie im großen Bogen dicht an der Herreninsel vorbei. Aber weder der Geist vom 2. Ludwig noch der von Prinzregent Luitpold selig läßt sich sehen. Vom Schloß ganz zu schweigen. Gustaf wird von der Hybris gepackt und steuert tollkühn die schmale Durchfahrt zum Schafwaschener Winkel an. Sie ist knapp 100 Meter breit und stark verkrautet, so daß Gustaf nun doch die Muffe etwas rotiert. Aber dann öffnet sich die Bucht und gibt einen idyllischen See frei, dessen Ufer dicht mit Röhricht umsäumt sind.

Sie fahren eine Schleife, um den *Genius loci* so richtig auf sich wirken zu lassen. Ach, wie schön, stöhnt Frieda und läßt verträumt ihren Blick schweifen. Gustaf hat mal wieder Friedas Gemütsnagel genau auf den Kopf getroffen: einfach zauberhaft!

Da macht es unterwärts schrummschrumm, und der Propeller bleibt stehen. Gustaf denkt an die vielen Netze, die er mit der SINDBAD schon übergemangelt hat und kuppelt aus. — Nr. 5 tritt auf der Stelle. — Einkuppeln, vorwärts, rückwärts — nichts rührt sich. Zauberei? Oder hat der *Genius loci* zugeschlagen, weil er mit die Preißen nix am Hut hat? Gustaf kuckt butenbords — nichts. Er hängt den Rüssel über den Spiegel, aber sein Gewicht taucht das Heck so tief, daß er nichts sieht. Fatal — Frieda muß nach vorne. Über die Windschutzscheibe hinweg muß sie aufs glatte, rundgewölbte Vordeck kraxeln, um den Mors von Nr. 5 in die Höhe zu trimmen. Sie zittert und schimpft, denn sie kann nirgendwo Halt finden. „Bloß jetzt nicht schaukeln!" ruft sie ängstlich. Aber der Skipper hängt schon kopfüber bis zum Nabel im Teich und grabbelt mit beiden Pfoten den *Genius loci* aus der Schraube. Ihm ist, als ob er ihn schreien höre: „Nix is so neiß als wia a todter Preiß!" Aber da hat er ihn schon am Wickel: kein Zauber, sondern eine riesige, weißblaue Plastiktüte. Ein Gruß vom Priener Supermarkt. Sozusagen.

Lozi hin, Lozi her — Gustaf fährt trotzdem wieder an den Chiemsee. Die netten Leute, die gemütliche Sprache (wenn man sie nur verstehen könnte), die liebliche Landschaft! — Kein Wunder, daß gesalbte Häupter zu allen Zeiten diese eleusischen Gefilde zu ihrem Traditionsgau kürten.

Merke: *Genius loci* = Schutzgeist eines Ortes. (lateinisch)

Eisenhaltige Luft

Gustaf hat, von Travemünde kommend, in Heiligenhafen Station gemacht und will am Sonnabendmorgen von dort zurück nach Kiel segeln. Es weht mit 4 Bft aus Nordnordwest bis Nord, man kann also hoch am Wind die Kieler Förde gut anliegen. Er läuft morgens um 07.00 Uhr aus, um die 30 Meilen durch das Niemandsland der Hohwachter Bucht rasch hinter sich zu bringen. Am Heiligenhafener Signalmast hängen keine Schießflaggen. Und er hält sich ja auch außerhalb der Dreimeilenzone. Also alles okay!

Doch als sie gegen 09.00 Uhr den Kirchturm von Putlos querab haben, ruft Julchen plötzlich laut: „Mönsch, Vati, uns verfolgt ein Kriegsschiff!" — „Fahr zurück, die kapern uns sonst!" kreischt Frieda. Gustaf blickt nach achtern. Richtig, ein graues Boot mit Dienstflagge nähert sich — Schaum vor dem Mund — mit hoher Fahrtstufe. „Verlassen Sie sofort das Schießgebiet!" quäkt ihn ein Megaphon an. Gustaf zuckt die Schultern. Er ist doch auf See. Und die See ist frei für alle. Denkste.

„Segeln Sie sechs Meilen nach Norden, und gehen Sie dann auf Nordwestkurs. In Todendorf wird geschossen!" Der Graumann röhrt es grimmig, und Gustaf (damals noch ohne Motor) legt die SINDBAD in den Wind, daß die Plünnen knallen. Dann deutet er durch Gebärden an, daß physikalische Gesetze ein Segelboot nun mal daran hindern, gegen den Wind zu segeln.

„Machen Sie Ihre Leine klar! Wir schleppen Sie raus!" blökt der Graumann, der Ernst zu machen scheint. Er fährt einen Kringel um die SINDBAD und stoppt neben ihr. Gustaf wirft ihm die Trosse zu, legt einen Rundtörn um den Mast — und ab geht die Post gegen die kurze, knuppige See. Die SINDBAD stampft und wehrt sich, aber der Graue ist stärker. Frieda und Julchen wird schlecht. Schiet!

Nach 40 Minuten Bolzerei kann Gustaf West anliegen und schmeißt die Leine los. Nie wieder Heiligenhafen, denkt er und ist sich — jedenfalls in diesem Punkt — endlich mal einig mit seinen Mädchen. Das war vor rund zehn Jahren.

Doch wie das Leben so spielt — immer nur Schleimünde ist auch nix. SINDBAD hat inzwischen einen Motor bekommen, und Gustaf geht Jahre später doch mal wieder ostwärts. Diesmal ins verlängerte Wochenende nach Orth auf Fehmarn. Das liegt vier Meilen nördlicher als Heiligenhafen, und man berührt auf westöstlichen Kursen die Warngebiete überhaupt nicht.

Die Hinfahrt verläuft ohne Störung, und Gustaf und seine Lieben verleben zwei muntere Tage im gastlichen Orth. Doch als sie montags auf dem Rückweg gegen 08.00 Uhr über den Breiten Barg rutschen, sehen sie am Mast auf dem Flügge-Sand die verdammten Signalkörper. Es weht aus Südwest 2 bis 3. „Fahr bloß 'n großen Bogen", jammert Frieda. Aber Gustaf weiß es besser: So lange kein „Grauer" kommt, hält er stur West. *Wenn* einer kommt, kann er immer noch abfallen. Aber es kommt keiner.

Nach einer Stunde ballert es von Land her „Brummbrummbrumm". Ganz schönes Kaliber, denkt Gustaf, sicher die Artillerie; aber was geht das ihn an. Später, querab von Todendorf, bellt es giftig „Tacktacktacktack". Aha, denkt Gustaf, Flak-Feuer. Aber er hat noch nicht zu Ende gedacht, da brüllt Julchen wie am Spieß: „Hilfe, wir werden versenkt!" Tatsächlich, um die SINDBAD spritzt Wasser ein paarmal auf, und Gustaf kann unschwer kombinieren, daß es die Splitter krepierender Fla-Munition sind. Frieda wird kalkweiß im Gesicht, und Julchen plärrt lauthals.

Dann wird es an Land ruhig. „Jetzt haben sie uns endlich erkannt", sagt Gustaf und hält eisern Kurs und Geschwindigkeit. Doch da braust zehn Meter über dem Wasser ein Hubschrauber heran, zielt mit seinem Fahrgestell genau auf SINDBADS Mastspitze und wirbelt dabei jede Menge Wasserstaub auf. Segel knallen, Schoten zerren, der Mast wackelt — deutlicher kann eine Warnung nicht sein.

Danach dreht er ab und fährt das gleiche Manöver noch einmal. Doch bevor die Segel wieder verrückt spielen können, hat der Skipper die Fallen losgeworfen.

Dann startet er den *smokey Joe* und motort mit voller Pulle nach Norden. Am Ruder ein fluchender Skipper, unter Deck zwei völlig verstörte Frauensleute. Das Schießen setzt erst wieder ein, als sie 3 bis 4 Meilen nach Norden abgelaufen sind. Gerettet!

Gustaf will einen Brief an den zuständigen Schießminister schreiben. Aber er läßt es lieber. Wo Waffen bellen, schweigen nicht nur die Musen, sondern am besten auch die Wassersportler. Außerdem hat er Angst davor, sich obendrein noch eine Anzeige einzuhandeln. Aber es wurmt ihn doch mächtig, was die Militärs aus seiner schönen Ostsee gemacht haben.

Er entsinnt sich noch genau jenes Donnerstags vor vielen Jahren, als die erstaunten Fördesegler auf einem „Aussprache Abend“ über die geplanten Sperr- und Schießgebiete in der Eckernförder und Hohwachter Bucht, vor Klein Waabs, vor Karby und wer weiß wo sonst noch informiert wurden. „Ich gebe Ihnen mein Wort“, sagte damals der Sprecher des Wehrbereichs, *„der Wassersport wird dadurch überhaupt nicht behindert.“*

Gustaf hatte sich darauf zu Wort gemeldet und gefragt, was für Garantien die Behörden den Seglern denn geben könnten, daß dies auch so bleibe, zum Beispiel wenn der Wort-Geber eines Tages in Pension ginge. Aber damit trat er bös ins Fettnäpfchen. Die Kameraden sahen ihn unfreundlich an und zischten. Dieser Tolpatsch — sie *hatten* doch das Wort der Behörde. Was wollte er denn noch mehr?

Wort hin, Wort her — Gustaf segelt jetzt nur noch nach Dänemark. Hoffentlich schießen die Todendorfer in Zukunft nicht mit Raketen. Die reichen nämlich auch bis Ärö und Langeland. Mindestens. Wenn nicht bis Kerteminde.

Merke: Der Sprecher und das Wort sind zwei Personen. (M. Luther, Tischreden)

Die Nackten und die Roten

Mit Rot ist natürlich nicht die Färbung des Gehirns gemeint, sondern der Sonnenbrand auf dem Po und Busen. Was nackt ist, weiß ohnehin jeder, der Illustrierte anschaut. „Ohne“ ist Trumpf! Neuerdings gibt es ja auch sogar schon Dampfer-Kreuzfahrten für Nackedeis — völlig unerotisch natürlich. Gustaf zieht daraus den Schluß, daß man sich an Bord dieser unerotischen Lustschiffe nur an-

zieht, wenn's erotisch werden soll, z. B. in der Koje oder beim Tango. Mannomann — dat geiht nirgendwo närrischer to as op de Welt!

Und denk mal, bei Agde an der heißen Côte d'Azur gibt's sogar einen textilfreien *Yachthafen*. Bloß für Nudisten. Dort sind ausschließlich Hüte und Bordschuhe erlaubt. Gegen die Sonne und für die Sicherheit. Wer 'ne Badebüx trägt, gilt als Ferkel.

Gustaf stellt sich den dicken Otje vor und wie das zischt, wenn der sich mit dem nackten Mors auf das heiße Kajütdach seines Blecheimers setzt. Oder Frieda an der Bratpfanne, wenn sie im „Lichthemd" Makrelen brät. Hei, wie da das spritzende Fett auf ihrer südlichen Hemisphäre prikkelt. Frieda kreischt direkt vor Wonne über diese (völlig unerotische) Stimulierung ihrer erogenen Zonen. Nur wenn Gustaf in den Niedergang schielt und fragt, ob er seinem Kahnweib Erste Hilfe leisten soll, ruft sie fünsch, er soll abhauen, der alte Voyeur.

Dabei ist Frieda doch eine überall naturfarbene Brünette, bei der es garnix Besonderes zu kucken gibt. — Gustaf möchte daher zu und zu gern wissen, wie sich das bei Fietes platinblonder Adelheid verhält. Die, wie der Küstenklatsch behauptet, nur deshalb auf ihren Büsten-Halfter verzichtet, damit die Falten aus dem Gesicht verschwinden.

Gallisches Streben nach Licht und Freiheit läßt natürlich die römischen Lichtengel auch nicht ruhen. *Nudo integrale* (barfuß bis zum Hals) ist „in". Insider-Tip für sonnenhungrige Yachties: Auf nach Sardinien! Dort segeln die feinen Leute entlang der Küste jetzt nur noch *con le tette al vento* (mit dem Busen am Wind).

Nee, meint Gustaf, igittigitt, auf der SINDBAD gibt's keine Nacktkultur! Basta! Was sollte Julchen auch von Eltern halten, die sich ... also nee, dat schickt sich doch wirklich nicht. Soll ja genug Leute geben, die auf Sylt bei Buhne 16 und an vielen anderen Stellen an solchem Swienkrom ihren Spaß finden. Junggesellen und so. Aber das ist Gustaf ja nun leider nicht mehr. Und deshalb bleibt er fest bei seiner vorgefaßten Meinung, nackicht sei unanständig.

Freund Schorsch nimmt ihn deswegen am Stammtisch mit Karl Valentins ollem Schnack auf die Schippe: „Wat, Gustaf, mögen haben wir schon wollen, aber dürfen haben wir uns nicht getraut, ha ha!" Doch Gustaf findet das weder komisch noch passend, und er blafft giftig zurück: „Bilde dir gefälligst dein eigenes Vorurteil, aber laß mir meins!"

Ist ja auch wahr, oder? Schlimm genug, daß man nicht denken darf, was man möchte. Soll man das vielleicht nun auch noch zugeben? Das Minimumste, was man erwarten kann, ist doch wohl, daß die Menschen einem seine Gedanken lassen. Toleranz und so. Er hat ja gar nichts gegen nackicht — im Prinzip. Aber doch nicht gerade beim Segeln! Und wenn schon, dann nicht mit Frieda.

Merke: In unseren Kleidern sind wir alle nackt. (Heinrich Heine)

Heidewitzka

Mag ja sein, daß Colonia für die alten Römer nicht das gleiche war, was die Römer für Köln bedeuteten. Die Kölner deshalb aber als die Neapolitaner Germaniens zu bezeichnen, findet Gustaf gemein. Ehrlich! Wo sie doch den herrlichen Rhein haben, den Kokoschka gemalt hat und Heine besungen. Na, und erst der reizvolle kölsche Dialekt, den man gleich gern hat, auch wenn man ihn nicht versteht. Wie Gustaf.

Immer, wenn die Firma ihn zu ihrer rheinischen Filiale schickt, verbringt er ein Stündchen oder zwei am großen Rheinbogen im Süden Kölns, wo die Bootshäuser den Strom säumen. Welch ein Leben! Braunhäutige, sportgestählte Muskelmänner donnern mit ihren vielhundertpferdigen Aufreißkreuzern in waghalsigen Schleifen von Brücke zu Brücke. Dazwischen Schlauchboote, Motoryachten, Wasserski-Fahrer. Schulboote und jede Menge Tank-, Fracht-, Schlepp-, Schub- und Fahrgastschiffe.

Bis vor kurzem ging das alles mit echt rheinischem Frohsinn ohne jeden Sportboot-Führerschein. Erst neuerdings trägt man als geprüfter „Böötsche"-Kapitän voller Stolz vier Ärmelstreifen. Gustaf genießt das bunte Treiben und wundert sich, daß so wenig passiert. Die Bootshäuser schwimmen im Strom mit 100 Meter Abstand und ziehen hinter sich einen Rattenschwanz von Stegen, Prähmen und daran festgemachten Booten. Das Wasser gurgelt mächtig unter den Häusern durch, denn der Strom läuft hier gut acht bis zehn km/h. Schwere Anker, die einige hundert Kilo wiegen, und dicke, am Ufer einbetonierte Ketten halten das Ganze auf Position. Zwischen dem letzten Schwimmsteg und dem nächsten Hausboot sind oft nur 50 bis 100 Meter Raum für An- und Ablegemanöver.

Gustaf sitzt auf dem „Balkong" des schwimmenden Restaurants ALTER LEUCHTTURM und wundert sich, mit welchem Getöse das Wasser unter seinen Füßen durchrauscht. Und er staunt, wie die Skipper es verstehen, sich auf engstem Raum da herauszumogeln. Verdammt gute Seemannschaft! „Passiert hier denn nie etwas?" fragt er Hennes, den Bootswirt. Ach, meint der trocken, ab und zu gerät schon mal jemand am Balkon auf Legerwall. Na, und dann?, will Gustaf schaudernd wissen. Mann, bei dem Strom! Und zwischen all den Ketten! Da kommt doch keiner lebend raus.

Na ja, meint Hennes, knirschen tut es ganz schön. Aber sonst ist es harmlos. Wenn Gustaf noch bis 17.00 Uhr Zeit hat, kann er vielleicht Schmitze Pläät beim Ablegen erleben. Wat dem singe BILLA es, die hat in diesem Jahr schon dreimal vorm Balkon seiner Wasserkneipe geklebt. Vielleicht klappt's ja heute wieder.

Es wird 17.00 Uhr, und Schmitz (wegen seiner Glatze „Pläät" genannt) legt ab. Die Vorleine, ein neues rotes Perlontau, wirft er nachlässig aufs Vorschiff. Dann läßt er sich rückwärts zwischen den Stegen achteraus sacken. Bis zu den Ketten vor Hennes' Balkon sind es noch 50 Meter. Genug Platz zum Aufdrehen, wenn alles klappt. Aber ob es klappt?

Gustaf starrt gebannt auf die rote Leine. Mit dem Steert hängt sie schon im Bach. Ein kurzes Stampfen in der Welle, die ein talfahrendes Tankschiff zwischen den Stegen durchzieht, und schon ist sie außenbords gerauscht. 30 Meter noch bis zu Hennes seinen Geranien. Schmitz muß jetzt den Gang einlegen und voraus gehen. Aber der kriegt den Gang nicht rein. Der Antrieb ist blockiert, und steuern läßt sich die BILLA auch nicht. Gustaf ahnt, weshalb: Die haben längst die Leine im Propeller. Er will dem Skipper etwas zurufen. Aber was? Und da kracht es auch schon!

Mannomann, kracht das schön! Der Balkon wackelt; die Geranien nicken verstört; die BILLA, ein schmucker 22-Fuß-

Daycruiser, wird vom Strom sofort quer auf die Ketten gedrückt und bleibt dort mit starker Schlagseite hängen. Sie bietet dem gurgelnden Strom ihre offene Flanke geradezu genußsüchtig dar, während die Wellen den GFK-Rumpf knirschend auf die Ketten stauchen. Der Z-Antrieb hält sie zudem wie ein Anker fest. — Gustaf denkt an seine letzte Strandung vor Bülk und meint, die Welt müsse nun untergehen.

Aber der Hennes ist schon zum vorausliegenden Bootshaus gewetzt. Nun steht er dort auf dem Steg und steckt an eine lange Leine eine rotweiße Rettungsboje, die der Strom zur Billa treibt. Dort macht man sie am Steven fest. Vier, fünf, sechs Mann holen sie steif. Und siehe — die Billa löst sich vom Balkon, steckt die Nase gegen den Strom und läßt sich willig zum Steg ziehen. Dort schnippelt „Pläät" ein paar rote Taureste vom Propeller, während Hennes die Bergeleine aufschießt und über seine breite Schulter wirft. Von oben läuten die Glocken von St. Maternus. — Am kölnischen Rheinufer regt man sich über so was nicht groß auf.

Merke: Schiffe ruhig weiter, wenn der Mast auch bricht; Gott ist dein Begleiter, er vergißt dich nicht. (Kirchenlied von Christoph August Tiedge)

Die Nacht im Heu

Drei verregnete Sommer auf der Ostsee genügen Gustaf. Deshalb will er es, seinen Mädchen zuliebe, mal wieder in Frankreich versuchen. Das schöne Burgund hatte zwölf warme, trockne Sommer gehabt; da würde der 13. sie wohl auch nicht enttäuschen. Also mietet Gustaf in St. Jean de Losne — dort, wo der Canal du Rhône die Saône kreuzt — den Dieselkreuzer Bon Voyage für zwei Juliwochen. Bis Mâcon wollen sie. — Ein gemütlicher Törn durch die schönsten Weintäler der Bourgogne.

Doch hinter Chalon setzt der Regen ein. Und wie! *„Nom de Dieu"*, rufen die Winzer, *„enfin de pluie! Miraculeux!"* — Aber Gustafs gute Laune ist schon aus dem Ruder gelaufen. *„Merde!"* knurrt er mürrisch, denn welscher Regen ist genauso naß wie dänischer. Und er macht auf der Stelle kehrt.

So sind sie nach einer Woche wieder in Verdun und haben plötzlich viel Zeit. Die aufgeweichten Mädchen frieren und haben Sehnsucht nach Kiel. Gustaf denkt an die sündhaft hohen Charterkosten, die ausgenutzt werden müssen. Deshalb entschließt er sich spontan für einen Abstecher zum Unterlauf des Flüßchens Doubs (von ihm „Dubbs“ genannt), wo es sehr schön sein soll. Er braucht dazu bloß bei Verdun rechts abzubiegen.

Auf dem „Dubbs“ kommen sie, trotz strömenden Regens, gut voran. Doch hinter der Schleuse von Navilly wird die Strömung immer stärker. Und das Flußbett, das hier laut Karte nur etwa zehn Meter breit sein soll, ist auf doppelte Breite angeschwollen.

Gustaf quält sich noch fünf Kilometer weiter, aber dann haben seine Boot-Piepels die Nase voll: Die BON VOYAGE macht für die Nacht an einem Baum fest. Niemand kann an Land, denn die Ufer sind überflutet. Nachts rauscht der Regen wie ein Wasserfall; außerbords gurgelt der „Dubbs“; die Bordstimmung ist total im Eimer. „Mönsch, Vati“, nörgelt Julchen im Morgengrauen, „also hier kannste glatt auszinken. Warum biste bloß hierher geoymelt? So was Völliges von Blödsinn!“

Gustaf schnauft böse. Was kann er für den Regen? Drei Tage läßt dieser Niagara seine Fälle nun schon auf ihre Köpfe donnern. Und es wird immer schlimmer! Die Bauern haben längst die Kühe von der Weide geholt; Wiesen und Uferwege sind abgesoffen; auf dem gurgelnden „Dubbs“ ruht aller Verkehr. Es hilft nichts: Sie müssen an ihrem Baum vorerst hängenbleiben.

Doch der Regen hört nicht auf. Er rauscht am vierten und auch am fünften Tag. Die Mädchen heulen nur noch. Der Kühlschrank ist leergefuttert; der Trinkwassertank peilt Null; das Chemiklo ist bis zum Rand voll. BON VOYAGE — welch Irrsinn! Und am Sonnabend muß der Kahn wieder abgeliefert werden. Es hilft nichts, sie müssen wenigstens bis Navilly zurücklaufen, um mit der Werft zu telefonieren.

Gustaf blättert im Manual, um zu sehen, ob da etwas über Weltuntergänge drinsteht. Ohne Erfolg natürlich; zudem ist alles ausländisch und kleingedruckt. Bis auf die Höhe der Konventionalstrafe bei verspäteter Rückgabe des Bootes. *Die* steht da auch in D-Mark und englischen Pfund drin; sogar *fettgedruckt*.

Mann in de Tünn, flucht Gustaf. Dann schüttet er kurzentschlossen zehn Zentimeter einer nachlassenden Schauerneigung aus seinen Seestiefeln, wirft die Leinen los und hofft auf ein Wunder. Schließlich geht der Kahn ja nur 60 Zentimeter tief. Und *zuviel* Wasser ist immer noch besser als *zuwenig*.

Die Uferböschungen sind durch aus dem Wasser ragende Pappelreihen schön sauber abgesteckt. Doch plötzlich, nach einer Kurve, hören die Bäume auf, und auch sonst kuckt nichts mehr aus dem Wasser. Das Hochwasser hat den Fluß hier auf fast einen Kilometer verbreitert. Und Gustaf fragt sich bang, was alles unter dem Wasserspiegel auf ihn lauern mag.

Er hält, wie er meint, die Fahrwassermitte. Aber in Wirklichkeit schippert er längst über Wiesen und Koppelzäune hinweg. Und seine einzige Orientierungshilfe sind die Häuser, die das Flußtal am Ufer säumen — dort, wo die Weinberge aus dem Wasser zu wachsen scheinen. Noch zwei Kilometer bis Navilly!

Voraus an Backbord sichtet er einen Heuhaufen! Verdammt, ein Heuhaufen mitten im Wasser war so wenig zu erwarten wie Nina Hagen als Solistin in der Matthäus-Passion. Was tun? — Aber da rumpelt es schon unterwärts: Der Kahn macht einen Hüpfer, als habe ihn ein Wal gerammt; der Propeller wird nach einigen Umdrehungen brutal abgewürgt; Gustaf treibt auf den Heuhaufen zu. „Mann", keift Frieda nach einem kurzen Blick außenbords, „ich glaub', du schleppst einen kompletten Weidezaun achteraus."

Gustaf schwant Böses. In seiner Not wirft er den Anker auf den Heustapel und holt sich dort längsseit. Julchen kommentiert todernst: „... und jetzt folgt die Marseillaise!", was Gustafs Stimmung nicht gerade verbessert. Nie wieder! schwört er mit Tränen in der Stimme. Dabei denkt er an die blaue Ostsee, wo höchstens mal ein Stellnetz im Wasser die Fahrt bremst, aber nie ein Weidezaun. Ja, und an SINDBADS Hybridantrieb (Segel/Motor), der immer noch eine Alternative bietet, wenn's kritisch wird.

Die Nacht im Heu verläuft für Gustaf und seine Crew wenig romantisch. Sich den restlichen Verlauf der Reise auszumalen, mag der Phantasie des Lesers überlassen bleiben. Nur so viel sei verraten: Die Bergung verlief glücklich, wenn auch zeitraubend. Und die BON VOYAGE erreichte die Werft mit nur zweitägiger Verspätung.

Am ärgsten traf den Skipper der Vorwurf des Vermieters, der Unfall sei auf völlige Nichtbeachtung der Anweisungen für das Verhalten bei Hochwasser zurückzuführen. Außerdem sei der Doubs hinter Navilly ohnehin unschiffbar, was aus der Karte ja auch klar hervorginge. Mithin sei der Fall durch die Versicherung nicht gedeckt.

Gustaf schnappte nach Luft: Das ihm! Wo er doch extra das Wörterbuch „1000 Worte Französisch" für die Reise gekauft hatte. Und von Weidezäunen und Unschiffbarkeit hatte er überhaupt nix, aber auch rein garnix gelesen. So mußte er zu allem Ungemach auch noch sehr tief in die Tasche greifen. BON VOYAGE — Mann, wat'n Quatsch!

Merke: Je gründlicher man sich auf eine Sache vorbereitet, desto größer ist die Chance, etwas Wesentliches übersehen zu haben. (Murphysches Naturgesetz)

Ankerfreuden

Wenn es nach Gustaf ginge, würde nur noch geankert. Viel einfacher und sooo (!) romantisch. Aber seine Weiber sind dagegen. Die wollen lieber im Hafen anlegen. Warum wohl? Na — ist doch klar: Fein anhübschen, 'n büschen Schoppink machen, Leute bekieken, Geld ausgeben. — Wenn Gustaf ehrlich ist, muß er zugeben, daß er gar nicht wegen der Romantik ankert, sondern weil es billiger ist. Das hat er aber nur Heini verraten, dem es so ähnlich geht.

So peilt Gustaf auf der Schlei schon im Schlauch von Missunde nach einer risikolosen Bleibe für die Nacht. Aber die Marinas an der grünen Wiese sind zur Sommerzeit immer vollgestopft wie eine Krakauer Kohlwurst. Also weiter. Die Mädchen sind spitz auf Schleswig. Julchen hat schon dreimal angedeutet, sie habe gerade heute „eine echte Möge" aufs TIP-TOP, einen bekannten Schleswiger Discoschuppen. „Ach nee", will Gustaf wissen, „und weshalb, bitte schön?" — „Mann ...", sagt Julchen, „natürlich, damit ich mir nach dem ganzen Alltagsscheiß mal so richtig den Frust abrocke! Logo?"

Logo! Wat 'n Quatsch, denkt Gustaf. Und er dreht auf der Großen Breite bei Tonne 50 nach Süden ab. Vor Louisenlund kennt er einen guten, geschützten Ankergrund. Da will er hin. „Wir wollen aber nach Schleswig!" nörgeln die Mädchen. Doch der Skipper stellt sich taub. „Dann wenigstens an den Steg", lenkt Julchen ein und denkt dabei an die flotten Teenieboys vom Louisenlunder Internat. „Mal sehen", brummt Gustaf, der genau weiß, daß auf dem für die Schulkutter reservierten Steg neuerdings ein Schild prangt, das Fremden das Anlegen verbietet. Also der ideale Ankerplatz! (Den Fleckebyer Yachthafen gab's damals natürlich noch nicht.)

Julchen geht ans Ruder; Gustaf macht den Grabbel klar. Bei dem Moddergrund nimmt er besser den schweren Stockanker aus der Vorpiek, sicher ist sicher. Er hievt ihn an Deck und schiebt den beigeklappten Stock durch die Bohrung im Schaft. Um das Deck nicht zu zerkratzen, hält er den Anker dabei im Arm. Als er den Arretiersplint in den Schlitz fummeln will, da passiert es: Gustaf fällt der Anker auf den Fuß, genau gesagt, auf den Rist.

Es knirscht laut, aber tut nicht weh. „Alarm!" schreit die Haut und schickt einen Eilboten zum Rückenmark. Dieses greift zum Telefon und benachrichtigt das Stammhirn, welches über EDV Thalamus und Großhirn informiert. Das Großhirn drückt auf den Schmerzknopf und löst beim Skipper lautes Au-Geschrei aus. Das Ganze dauert kaum drei Sekunden. Aber

die Wirkung ist umwerfend: Gustaf brüllt, als stecke er am Spieß. Frieda tuckt aufgeregt wie eine Henne. Und Julchen ruft: „Treffer!"

Der Skipper hockt zusammengekrümmt auf dem Vorluk; das Schiff treibt mit geborgenen Segeln am Steg vorbei. Aber da kommt einer der Burschen vom Internat zur Hilfe. Er macht das Dingi klar, rudert zur SINDBAD, schleppt sie an den Steg und bindet sie dort an. Weitere Kameraden kommen und helfen. Julchen klappert mit den Augendeckeln: Was für tolle Typen!

Sie betten Gustaf auf seine Koje. Weil der Mittelfußknochen angeknaxt scheint, telefonieren sie mit dem Doktor in Schleswig. Dieser kommt gleich und verarztet Fuß und Psyche. Frieda tuckt unentwegt: Ogottogott, wenn der Skipper nun liegen muß, wie soll sie das Schiff nach Hause bringen? Und wo Julchen steckt, weiß sie auch nicht. Die Burschen haben sie gefragt, ob sie mit ihnen „auf Ton" gehen möchte, und sie hat ja gesagt. Vielleicht haben sie dort ja ein Grammophon. Na, wird schon nichts passieren; es sind ja alles Oberschüler aus gutem Hause.

Leider meldet sich Julchen erst sehr spät an Bord zurück. Frieda ist besorgt, was der Gespons sagen wird, und das ist berechtigt: Den Skipper haben seine Schmerzen gnatterich gemacht, und er legt auch gleich los, als er Julchen sieht. Doch das kleine Biest blickt ihn an wie die TV-Heidi den Alm-Öhi und zeigt dazu ein verstehendes Lächeln – zart wie Toilettenseife. „Aber Vati", begöscht sie den Alten, „ist doch klar, daß du fix und foxi bist. Herr Runkel, unser Bio-Lehrer, der sagt immer, das macht die Affektüberflutung und geht bald vorüber. Jetzt schlaf dich erst mal richtig aus. Morgen segeln wir dich dann schön nach Kiel zurück. René kommt auch mit und hilft uns."

Gustaf wird starr vor Schreck. Renneh? Wer is dat nu wieder? – „Och", sagt Julchen leichthin, „das ist ein sehr netter Typ. Er sagt, er kann klasse segeln, wie alle hier an der Schule. Und Urlaub hat er auch bekommen, weil er sowieso was in Kiel zu erledigen hat." – Gustaf schweigt und leidet stumm.

So werden er und seine schmerzende Flunke am nächsten Tag behutsam nach Kiel zurückverfrachtet. René sitzt am Ruder (er macht das wirklich klasse!); Julchen bedient mit großer Hingabe die Fock (warum klappert sie dabei bloß so viel mit den Lidern?); na, und Frieda betreut liebevoll den Käpt'n, dem heute alles egal ist (kein Wunder nach so viel Kummer. — Ankern ist eben auch nicht mehr das, was es einmal war).

Merke: Die Tage vergingen mir fröhlich, wo immer auch mein Boot segelte. (Joshua Slocum, Erdumsegler)

O sole mio

„Der Sonne nach segeln" nennen die fröstelnden Nordlichter es, wenn sie gen Süden schippern. Sollen sie ruhig! Gustaf mag das Wort „Sonne" nicht mehr hören. Wind ist wichtig — zumal aus der richtigen Ecke. Handige See ist wichtig. Und eine anständige Wetterlage ohne Gewitter, Sturm und Hagelschauer. Aber Sonne? Wozu soll *die* gut sein?

Nun hat er aber auch seine Mädchen an Bord. Die lieben *happy sailing* mit Sonne, viel Sonne. Sie finden, wenn Gustaf sich als Sport schon das Yachtsegeln (als bekanntlich teuerste Art, unbequem und langsam zu reisen) ausgesucht hat, dann wollen sie wenigstens dabei braun brennen. Gustaf versucht immer wieder, ihnen das auszureden. Wat'n Quatsch — höchst gefährlich für den Täng und medizinisch nicht zu verantworten. Aber mach das mal sonnenhungrigen Weibern klar.

Früher hat Gustaf sich nicht weiter um die Gesichtsfarbe seiner Crew gekümmert. Aber seit Julchen sich zu einem flinkzüngigen Segelzahn entwickelt hat, hetzt sie die Mutter gegen ihn auf. Na, und mit zwei Frauen gleichzeitig fertigwerden zu müssen, ist so, als werde man aus dem warmen Bett zum Schafott geschleppt.

Gustaf will am Sonnabendnachmittag nach Schleimünde segeln. Prima Wetter, Ostenwind. — Denkste! Die Frauen quengeln dauernd, weil das Großsegel die Sonne verdeckt. „Kannst du denn nicht woanders hinfahren?" fragen sie allen Ernstes. Gustaf schluckt runter, was er auf der Zunge hat, und knurrt nur zwischen den Zähnen was von „Klei mi ..."

In Schleimünde geht er mit dem Bug an die alte Zollbrücke. Aber nicht lange. Dann muß er die SINDBAD umdrehen, da-

mit die Abendsonne im Cockpit Julchens Aknepickel besser vergolden kann. Sonntag mittag laufen sie zurück nach Kiel. Nordnordost, blauer Himmel. Julchen muß den Spinnaker setzen. Sie weiß noch nicht, was ihr blüht. Als die Blase oben ist, weiß sie es: die Plünnen verdecken wieder mal die Sonne.

„Ich glaub', ich spring' in den Schrank!“ ruft sie unwirsch. Und Frieda pflichtet ihr bei: „Du immer mit deinem Spinnaker! Nur um uns zu ärgern!“ — Gott sei Dank schläft der Wind auf dem Stollergrund ein, der Spi fällt zusammen, und das Problem erledigt sich von selbst.

Aber schon am nächsten Wochenende geht es wieder los. Da hat Julchen am Sonnabend schulfrei, und Gustaf will im Morgengrauen nach Marstal auslaufen. Der Wind weht schön stetig aus Westsüdwest, und die Sonne geht im Osten auf. Wird ein netter Törn werden. Aber gleich hinterm Marineehrenmal setzt das Gekeife ein: Der Stern ist mal wieder vom Großsegel verdeckt. Kein Spinnaker ist diesmal schuld, kein Ostwind. Nur dieses dämliche Marstal, wo der Skipper unbedingt hin will. Julchens Pickel brauchen schließlich Sonne. Und sie schreit erbost: „Pfui Vati, ich glaub' fast, du machst das absichtlich! Also mich peitscht direkt der nackte Ekel!“ Das findet auch Frieda, und die Stimmung ist mal wieder im Eimer.

Was kann Gustaf tun, um seine Plagegeister zufriedenzustellen? Zum Beispiel nach Fehmarn segeln, dann kann er den Baum an Backbord fahren und hat die Sonne von vorn. Aber wie soll er am Sonntag bei Westwind nach Kiel zurückkommen? Vielleicht mit einem langen Kreuzschlag auf Steuerbordbug bis Langeland — doch dabei ist die Sonne wieder vom Segel verdeckt. Und wenn er mit dem nächsten Schlag endlich auf Backbordbug die Förde anliegen kann, steht die Sonne im Süden und somit wieder im Segelschatten. Nee, Fehmarn ist schlecht für Julchens Pickel.

Aber wie wär's mit Eckernförde? Geht nicht — alles gegenan. Oder hoch am Wind nach Mommark oder Sonderburg? Da steht die Sonne wieder hinterm Segel. Am besten wäre es, in Schilksee so lange zu warten, bis die Sonne im Süden steht. Aber dann ist es zu spät für Marstal.

Scheiß Seefahrt, denkt Gustaf, und er meint es ehrlich. Das sind die Augenblikke, wo er wünscht, die SINDBAD sei ein Motorboot. Und die Mädchen könnten ihre Hintern auf der heißen Poop in Nivea-Öl braten. Doch da solche Wünsche keine aktuellen Probleme lösen, entschließt er sich spontan für Fehmarn. Besser heute Sonne von vorn und Ruhe haben, als an die Sorgen von morgen denken. Vielleicht weht der Wind morgen ja auch anders, und alles wird noch gut.

Während er darüber nachdenkt, sieht sein Gesicht so traurig aus wie eine vom Rüsselkäfer befallene Taxushecke.

Merke: Oh, das Weib ist ein Abgrund mit Blumen! (Arno Holz, 1863–1929)

Schiffertisch

Gustaf und seine Freunde sitzen im Klubzimmer am runden Schiffertisch und trinken Grog. Man redet über Politik. Gustaf sagt nix. Warum auch? Er geht zur Wahl und zahlt (ungern!) Steuern: Das ist sein Beitrag zur Politik. — Danach reden sie über ihre Frauen. Quatsch, denkt Gustaf und schweigt. Was soll er auch sagen? Frieda und er sind schon lange verheiratet; sie zanken sich nicht öfter als andere auch; sie segeln seit vielen Jahren zusammen, und Gustaf weiß nicht mal genau, ob es Frieda Spaß macht. Na, und wenn er es wüßte? Gesegelt würde doch. Also — was gibt's da viel zu reden.

Sie wechseln das Thema und reden über Schiffe. Gustaf wird munter — da kann er mitreden. Heini macht ihn an, warum er immer noch seine alte hölzerne SINDBAD schippert. Wo es doch heutzutage so schöne Boote aus pflegeleichten Materialien gibt. „Blöde Frage!" knurrt Gustaf. Was soll das? Er und die SINDBAD gehören zusammen.

Heini kennt Gustaf zu gut, um ihm das abzunehmen. Nu ma ehrlich, alter Freund: Warum steigt er nicht von seiner Wasserleiche auf ein richtiges Schiff um? Na ja, räumt Gustaf ein, es ist ja nicht so, daß er auf hölzerne Oldtimer eingeschworen ist. Nö, manchmal gehen seine Gedanken schon fremd, und er gafft dann flotten Teenagern ganz schön unter die Scheuerleiste, wo alles glatt und knackig scheint. Doch wer weiß, wie's dort in 20 Jahren aussieht? Bei der SINDBAD weiß er das genau. Deshalb hat er sich ja auch noch nicht von ihr getrennt. Holz bleibt Holz, alles gewachsene Spanten, von Hand kupfergenietet; *shipshape* und durabel.

„Na", stoppt Heini grinsend Gustafs Redefluß, „und die Kneipp-Kur im Frühjahr ...?" Er sieht den Skipper ja immer, wenn er die über Winter spack und undicht gewordene SINDBAD von innen mit nassen Säcken auslegt und die klaffenden Nähte der Planken von außen mit Sägemehl füttert. Ihm kann er nichts vormachen.

„Na schön", sagt Gustaf, „aber was dann?" Etwa einen dieser dünnhäutigen Plastikbomber? Die absaufen, wenn ein Dorsch sie rammt. Nee, dann lieber gleich Beton.

„Blots dat nich", meldet sich Rainer zu Wort. Er kannte einen, der ist lange auf so einer Zementschute gefahren. Mann, wat 'n Schiet! Die wollten nachträglich ein Echolot installieren, da brauchten sie 'nen Preßlufthammer — ratatatong, weg ist der Balkong. Zum Schluß kriegten sie das Loch nicht dicht. Dabei wäre ihnen die Hulk fast abgesoffen. Nee Lüd, man blots keen Zement!

Aber wie es denn mit Stahl sei, will

Hinnerk wissen. „Isen ...?" schreit Winfried entsetzt und kann es nicht fassen, daß jemand ein Schiff aus Stahl haben möchte. Wo die Dinger doch im Salzwasser so rosten tun und nach zwei Jahren aussehen, als hätten sie die Blattern. Und dann die Korrosion! Dem Baldur seine SIRIUS, die hat nur einen Sommer lang in Strande an der eisernen Spundwand der Außenmole gelegen. Dann sah sie aus wie ein Schweizer Käse. Löcher so groß wie ...

„Nu holl man dien Sabbel", unterbricht ihn Otje, Eigner einer stählernen Motoryacht. „So schlecht sind die Eisenkähne nun wirklich nicht. Und wer Eisen nicht mag, der kann ja in Aluminium bauen." Aber damit ist Gustaf nicht einverstanden: „Mann, bedenk doch blots, wat dat kosten deiht! Und korrodieren kann de Schiet ok. Nee, Alu kommt nicht inne Tüte. Büscha mall, Mann!"

Da fallen Gustaf die neuen Fensterrahmen ein, die sein Hauswirt Sauerbier letzten Herbst bei ihm einbauen ließ. Gegen Mietaufschlag natürlich, aber immerhin. Die sind aus Eisen und außenrum kunststoffbeschichtet. Haltbar, rostfrei, pflegeleicht. Ob dat denn nix wäre, fragt er Heini: stabil, im Frühjahr dicht und kein Rost mehr.

„Du meinst wohl: kein Rost mehr zu *sehen*!" ruft Heini. Und er raubt Gustaf sogleich lautstark alle Illusionen durch eine schaurige Schilderung all dessen, was sich unter dem GFK-Überzug alles abspielen würde, sobald sich die ersten Haarrisse zeigten.

„Aber Sauerbiers Fenster ...", wendet Gustaf zaghaft ein.

„Mönsch Gustaf", sagt Heini, „denk doch mal nach: Du willst ja nicht mit einem *Fenster* segeln! Op See und bei der Hafenrangelei ist die Beanspruchung doch viel größer. Und weißt du denn, wie Sauerbiers Fenster in drei Jahren aussehen? Na also, vielleicht gibt's da schon wieder neue. Auf deine Kosten!"

„Schluß jetzt!" beendet Rainer, der auf Plastik steht, das Scharmützel. „Kinners", sagt er, „ji hebbt all'n Lütten op de Luk. Denkt mal mehr an den Fortschritt!" Und während er begeistert von seiner praktischen Resopal-Pantry, dem lastexbespannten Kajüthimmel, den schallschluckenden Eternitschotten im Motorraum und den unheimlich totalen Acrylscheiben im Dog-House schwärmt, verkrümelt Gustaf sich seitwärts in die Büsche.

Und er denkt dabei gerührt an seine olle SINDBAD. Die segelt zwar schlecht am Wind, und mit der Stehhöhe hapert's auch. Aber wenn sie raumschots mit einem weißen Knochen im Maul am Laboer Ehrenmal vorbeizischt, liebt er sie doch. Soll sie im Frühjahr ruhig 'n büschen Wasser machen.

Merke: Das Beste ist das Wasser. (Pindar, altgr. Lyriker)

Wäsche vorn

Gustaf kennt Oskar seit Jahren. Er trifft ihn oft unterwegs, wenn seine Elvira an der Sindbad vorbeibraust. Man grüßt sich kollegial und quatscht miteinander beim Hafenrees. Oskar ist ein toller Crack, dynamisch und überaus sportlich. Wenn er morgens ins Büro seiner GmbH & Co. KG geht, hat er schon eine Stunde Tennis hinter sich. Aber sein Herz gehört dem Wassersport.

Gedient hat Oskar natürlich bei der Marine. Dort hat er es nach einigen Reserveübungen bis zur „Wäsche vorn" gebracht und schippert seitdem nur noch mit Schlips. Wie die meisten Seesoldaten ist er ein leidenschaftlicher Verehrer blankgeputzter Chromteile. Deshalb glänzt die Elvira auch immer wie eine Fahrradklingel. Im übrigen ist sie ein ganz schneller Hobel — in Dänemark als IOR-Flushdecker von Meisterhand für einen Liebhaber des Schnellsegelns gebaut. Aber leider ist Oskar kein guter Liebhaber. Er segelt nur gern schnell. Egal wie. Und er fährt gern rückwärts.

Rückwärts? Ja, das hat er noch von seiner Galeerenzeit auf der Alster, als er im Ruderclub von 1897 zu den Menschen gehörte, die die Welt am liebsten von hinten betrachten. Diese Eigenart hat er später beim Segeln beibehalten.

Unter uns gesagt — manchmal würde er auf See ganz gerne auch mal nach vorn blicken, denn da will er ja schließlich hin. Aber auf dem Vorschiff hat die Elvira ihre Wäsche aufgehängt. Und an der gibt es kein Vorbeikieken. Üppig gebläht wie der historische Busen von Mae West baumeln je nach Bedarf vor seiner Nase Blooper, Starcut, Ghoster oder Floater — eben „Wäsche vorn". Und weil er vorn (außer Wäsche) nichts sieht, peilt er am Ruder meist achteraus über seinen Flaggenstock. Praktisch, nöch? Wenn er den Bülker Leuchtturm knapp rechts neben der Stange hält, ist sein Kielwasser schnurgerade. Warum also einen Ausguck auf dem Vorschiff postieren?

Lange Zeit geht das gut. Bis zum letzten Herbsttörn nach Sonderburg. Da macht es auf der Höhe von Olpenitz (dicht beim Stützpunkt seiner ehemaligen Kumpels von der Navy) Knirschbumkrach. Elviras Masttopp kommt von oben — mit ihm der Blooper, sein neuer Triradial und ein Haufen Tüdelkram. Elvira bäumt ihren wäscheverhangenen Monsterbusen steil auf und schiebt sich ächzend über ein nicht rechtzeitig erkanntes Hindernis im Fahrwasser. Die Plastik-Außenhaut reißt knirschend wie Pappe, und eine markige Kommandostimme dröhnt aus der Tiefe des Meeres: „Ji hebbt woll Tomaten op de Ogen!"

Dann klammern sich zwei Fäuste ans Waschbord der Elvira, und eine blaue

Zipfelmütze schiebt sich unter der Seereling durch. — Ach, herrjeh! So traurig es auch ist, so wahr ist es: Oskar hat seinen alten Kommandanten aus Olpenitz untergepflügt! Der kam mit seinem Drachenboot aus der Schleimündung und daddelte mit halbem Wind auf Backbordbug seewärts. Er konnte ja nicht wissen, daß Oskar das Segeln bei den Ruderern gelernt hatte. Klar, daß ELVIRA, zu luvward liegend und obendrein mit dem Baum an Steuerbord, ausweichpflichtig war. Klar, daß Oskar auch ohne diese Verpflichtung seinem alten Boß höflich Platz gemacht hätte, denn immerhin ... na ja, der Rangunterschied! Und überhaupt. Wenn er ihn nur gesehen hätte. *Wenn* ...!

Aber nun ist es passiert: BuMa contra BuMa. Und keiner der zahlreichen Warn-, Summ- und Kontrollmonitoren seines reichbestückten Diagnosecenters hat ihn gewarnt. Dabei hat Oskar den Bülker Leuchtturm so schön zwei Zentimeter achteraus neben seiner Flaggenstange gepeilt. Diese verflixte Wäsche da vorn! Der Teufel mochte diese Gardinensegelei holen!

Zunächst holt er erst mal den reichlich ramponierten Drachen längsseit, denn der droht über den eingedrückten Schergang abzusaufen. Danach begöscht er den aufgebrachten Seekapitän, der über dieses Wiedersehen mit seinem Reservefähnrich wenig erbaut ist. Gemeinsam schlagen sie dann die Wäsche von ELVIRAS geborstenem Mast ab, holen den Topp an Deck und bandagieren den aufgeschlitzten Steven mit der Sturmfock.

Dann tuckern sie langsam im Päckchen nach Kappeln, wo die Werft sich freut, denn „den een sien Uhl is den annern sien Nachtigall“. Und dort treffen sie Gustaf, der sich von beiden Kontrahenten die Einzelheiten ihres privaten Seegefechts mehrmals genau verklaren läßt.

Mann, wat'n Schiet! Gustaf steckt gleich einen Stropp an den Hals von SINDBADS Fock I, um die Sichtverhältnisse unterm Unterliek zu verbessern. Und rückwärts steuert er um keinen Preis — besonders nicht vor Olpenitz und ähnlichen Navy-Playgrounds. Und wenn doch mal, dann nur mit Julchen als Galionsfigur: Sicher ist sicher!

Merke: Vorwärts dringt der Schiffenden Geist; nur der Schiffer steht rückwärts gewendet traurig am Mast (frei nach Goethe, Alexis und Dora)

Kalte Füße

Wegen der hohen Winterlagerkosten wollte Gustaf seine SINDBAD diesmal im Hafenbecken überwintern lassen. Doch vorher fragte er noch seinen Stegnachbarn, den berühmten Meteorologen und Ozeanographen Prof. Dr. Eisgang (allg. „Eisarsch“ genannt), wie streng wohl der Winter ausfallen würde. Der wand sich wie ein Aal im Salznapf und flüchtete sich in wissenschaftliche Phraseologie: Infolge Meereserwärmung abschmelzende Polkappen einerseits und durch verschmutzte Ionosphäre blockierte Sonneneinwirkung — das hob sich gegenseitig auf. Also schlecht zu sagen, wie der Winter würde. Andererseits hätten sich die Zugvögel erst sehr spät auf die Reise nach Süden begeben und seien auch recht hoch geflogen — so tippe er mehr auf mild. „Scheunen Dank ok, Professer!“ sagte Gustaf und beschloß, es zu wagen.

Oktober und November waren mild. Da hatte der Professor mit seinen Zugvögeln also recht gehabt. Toll, wie sicher so'n Fachmann langfristige Prognosen ganz ohne Instrumente — nur nach dem Vogelflug — stellen konnte.

Der Dezember war noch milder als der November. Die Sonne schien heiter, und man schnupperte fast schon den Frühling. Auf der SINDBAD roch es nach Lack und Firnis. Gustaf war bester Laune, weil er das Winterliegegeld gespart hatte. Nebenan baute Heini sein Getriebe aus. Außer ihnen schienen eine ganze Menge Kameraden die Wetterprognose des Professors eingeholt zu haben, denn es lagen zahlreiche Schiffe im Wasser. Das war noch in keinem Winter zuvor der Fall gewesen. Merkwürdig war nur, daß der Eisarsch seinen eigenen Kahn über Winter in den Werftschuppen gelegt hatte. Ob er seiner Prognose nicht traute? Oder hatte er einfach zuviel Knete?

Egal — Gustaf rechnet damit, seine Winterarbeiten bis Weihnachten beendet zu haben. Sensationell! Das Christfest verläuft entsprechend heiter, und der Skipper kann am dritten Weihnachtstag sogar das Kajütdach schleifen.

Doch sein zufriedenes Grinsen entgleist ihm jäh, als in der Nacht vom 28. zum 29. Dezember ein Oststurm über die Förde hinwegbraust. Blizzard-Schneeschauer wühlen das Hafenwasser auf und kühlen die Luft über Nacht auf minus 10 Grad ab. Mist! — Eine Schwangerschaft im 8. Monat wäre leichter zu verheimlichen als die Tatsache, daß der Eisarsch eine eklatante Fehlprognose geliefert hat.

Der Winter ist da — strenger, kälter und stürmischer denn seit Jahren. Ostwind staut die Wasser der Bucht zwei Meter hoch. Überspülte Ufer und Stege vereisen; vereiste Leinen brechen; Schiffe gehen auf Drift. Als der Wind vorübergehend nachläßt, friert bei Nachtfrösten um 18 Grad die Förde zu. Im Hafen drückt eine glasharte Eisdecke die Pfähle in die Höhe; Brücken und Stege werden angelüftet.

Gustaf, Heini und die anderen sind Tag und Nacht am Hafen. Bei halbtägiger Ablösung gehen sie mit Sägen und Äxten dem Eis zu Leibe, hacken die Pfähle und Dalben frei und sägen eine Eisnaht um ihre Schiffe, damit die nicht zerquetscht werden. 50 Zentimeter dick wächst das Eis auf der Außenförde, der Schnee darauf liegt zwei Meter hoch, und über 80 Schiffe stecken vor der Schleuse im Packeis fest. Das war noch nie da!

So vergehen der Januar und der halbe Februar mit allerlei Wintersport. Als Gustaf und Heini denken, daß nun doch bald der Frühling nahen muß, bricht erneut der Oststurm los, und alles wiederholt sich. Ende März treibt immer noch Eis auf der Förde. Ob Strande, Schilksee oder Damp — überall vom Eis zerquetschte Yachten, vom Hochwasser auf Molen, Stege oder Böschungen gesetzt und bei Tauwetter abgesoffen. Einige — man mag es kaum glauben — noch mit angeschlagenen Segeln!

Da liegen sie nun, die DARLINGS, PÜPPIS, MAUSIS — eine vergessene Flotte von Sommerlieben, von ihren Eignern ausgesetzt, manche sogar noch mit wehender, ausgefranster Flagge!

Zum Ansegeln am 5. Mai sind die größten Schäden beseitigt. Um so heftiger tobt jetzt der Streit mit den Versicherungen. Die Erstürmung der Düppeler Schanzen von 1864 ist nichts dagegen. Gustaf und Heini mischen fleißig mit. Doch die „Höhe 701“ erweist sich als nahezu uneinnehmbar. Und alles wegen diesem dämlichen Wetterfrosch! Wo steckt er überhaupt? Sein Schiff erscheint pünktlich zum Saisonbeginn im Hafen — schuppengepflegt und werftlackiert. Seine weiße Mütze leuchtet. Gustaf will ihn anmosern. Aber Heini zupft ihn am Är-

mel. Wozu denn!

Gustaf schwört: Lieber läßt er sich das nächste Winterwetter von Friedas Muhme aus dem Kaffeegrund wahrsagen oder von Zigeunern aus der Hand lesen. Aber nie, nie wieder wird er einen Fachmann danach fragen. Und die dicke Schramme an SINDBADS Backbord-Schergang soll ihn immer an diesen Schwur erinnern.

Das walte Hugo!

Scharfe Sachen

Mann in de Tünn! Gustaf muß sehr süßes Blut haben, oder der viele Köm hat es so aromatisiert — jedenfalls sind die Insekten wie toll hinter ihm her. Im Svendborg Sund verfolgt ihn jedes Jahr diese blindwütige Sorte *Wespen*, bei denen der Liebe Gott leider vergessen hat, das Hinterteil zu isolieren. Im Limfjord sind es blutrünstige *Schnaken*, die in Schwärmen wie brasilianische Killerbienen über ihn herfallen. Den Alsensund und die Augustenborger Förde meidet er, weil ihm dort riesige ausgehungerte *Gnitzen* auflauern. Dafür sind es auf den friesischen Seen und Kanälen winzige *Moorfliegen*, deren himmelverdunkelnde Schwarmwolken ihm mit feinen Nadelstichen das Bordleben zur Hölle machen. Na, und an den Ufern der lieblichen Schlei, seinem Lieblingsrevier, hausen moskitogroße, amoklaufende *Stechmücken*. Vor ihnen hat er besonderen Respekt, da sie nicht nur unverschämt pieken, sondern dazu auch wie Hubschrauber brummen.

Nun ist Gustaf bekanntlich dem Zauber der modernen Werbung in hohem Maße verfallen. Davon zeugen u. a. die vielen Neuigkeiten in seinem Heim, die der Versandhandel laufend per Postwurfsendung anbietet. Wenn das meiste auch nie benutzt wird, so verleihen diese Dinge dem Haushalt doch ein unheimlich fortschrittliches Flair.

Als Konsequenz dieser Konsumneurose hat Gustaf inzwischen auch alle Arten Insektenkiller ausprobiert — vom klebenden Ringelstreifen mit Honigduft bis zur elektronischen Mückenscheuche mit Ultraschall; vom Nervengiftzerstäuber (Vorsicht, nicht in geschlossenen Räumen verwenden! Aber wo sonst??) bis zum glimmenden, Gestank verbreitenden Insektenkrematorium — alles hat er ausprobiert. Genützt hat es nicht. Jedenfalls nicht ihm, allenfalls dem Versandhandel.

Dabei hat Gustaf diese Novitäten nicht blindlings gekauft. Es bedurfte schon recht werbestarker Slogans, um seine Kaufentschlüsse zu aktivieren; also etwa solch starker Sprüche wie diese: *„Wenn Schnaken, Gnitzen, Mücken dich in die Wade zwicken: Ein Schuß ‚ZX' — zur rechten Zeit von allem Ärger dich befreit."* Oder mehr poetisch: *„Omas Kräuter wenig nützen gegen Fliegen, Mücken, Gnitzen. MÜCKENKILL schafft schnellstens Ruh, killt jeden Störenfried im Nu."* Na bitte, das muß doch was Gutes sein. Oder?

Diesen Sommer ist er wieder auf der Schlei. Da kennt er am Missunder Noor einen einsamen Steg, der Bauer Ploog gehört. Dort ist weit und breit kein Laden, kein Discoschuppen, keine Kneipe; und Liegegeld kostet es dort auch nicht. Deshalb verschweigt Gustaf die genaue Stelle selbst den besten Freunden — (Ge)meinwohl geht vor dein Wohl. Eier, Butter, Milch und auch mal 'n fetten Aal gibt es bei Bur Ploog billig. Und herrlich kühles Wasser kommt stets frisch aus der Pumpe. Aber die Mückens! Groß wie Fledermäuse und pfeilschnell! Gegen sie hilft nichts auf der Welt. Nicht mal 'ne Untertasse voll Petroleum in der Plicht — das Hausrezept von seinem Opa — kann diese Draculas verscheuchen.

Doch Gustafs Drogist weiß Rat: *Nelkenöl*. Damit einreiben, und Gustaf kann alle Schlei-Vampire vergessen. Leider hat er es nicht vorrätig; wer kauft so etwas denn heute noch. Aber der Apotheker hat es bestimmt. — Klar, sagt der Pillendreher und füllt eine Flasche davon ab. Scheißteuer, aber angeblich überaus wirksam.

Von Bülk bis Schleimünde brauchen sie fünf Stunden. Der Stern piekt wie doll: 40 Grad unter Deck und wenig Wind. Vor Kappeln wirft Gustaf den Jockel an, denn bis zu Ploogs Steg sind es noch drei Stunden. Als sie dort ankommen, sind sie zehn heiße Stunden unterwegs gewesen. Ihre Köpfe glühen, das Deck zischt, Frieda hat

Kopfschmerzen. Und zu alledem nahen auch schon summend und pfeifend die ersten Blutsauger.

Gustaf greift zur Flasche mit dem Nelken-Elixier. Hemd aus, Julchen muß ihn hinterrücks einreiben. Die Arme und das knallrot verbrannte Gesicht versorgt er selbst. Doch was ist das —? Der Skipper schreit wie am Spieß! Teufel, wie das brennt — wie Lava, Feuer, ja wie glühendes Eisen! „Hilfe!!" ruft er und rennt zur Pumpe. Julchen hinterher. Frieda folgt ihnen tuckend wie ein verschrecktes Huhn.

Julchen pumpt fünf Minuten, zehn Minuten, eine Viertelstunde lang viel Wasser über Gustafs Astralleib, aber der Boß schreit immer noch. Am meisten brennt das rote Gesicht; es ist geradezu teuflisch! Frieda denkt an Gesichtsrose, Krankenhaus und frühen Tod. Nur Julchen behält die Nerven. Sie grabbelt sich an Bord die Buddel mit dem Nelkenzeugs. „NELKENESSENZ" steht da in schöner Apothekerschrift drauf. Nicht Nelkenöl oder sonst was, nee: ESSENZ.

Es ist keine schöne Nacht für Gustaf. Die Mücken verschonen ihn zwar, aber was muß er dafür leiden! Als sie wieder in Kiel sind, knallt er dem Pillenmensch die Flasche auf die Theke. „Sie Apo-Theker!" schreit er. Aber der Apo wiegelt ab. Gustaf hat Essenz verlangt, das kann er beschwören. Und zurücknehmen will er die Flasche auch nicht. Ja, nicht mal was vergüten. Wo kämen die Apotheker denn da hin? Wo sie bei den kleinen Verdienstspannen ohnehin fast am Bettelstab gingen!

Gustaf hat sich dann bei SPORT-PIEPER einen Mückenschleier für Angler gekauft. Leider ohne Loch für die Pfeife; aber er hält die Mücken ab. — Später entdeckt er im ZOO-CENTER einen Imkerschleier. Mit Loch. Seitdem hat er beide an Bord. Mit Loch gegen Bienen, Wespen, Hornissen; ohne Loch gegen Mükken, Schnaken und Moorfliegen.

Seine Erfindung! Gustaf strahlt, als habe er just den aufrechten Gang erfunden. Es stört ihn auch nicht, wenig später zu erfahren, daß die Fischer am Alemannischen Meer ebenso wie die vom Mare mediterraneum schon seit Menschengedenken solche Mückenschleier an Bord benutzen: sie für die *Ostsee* neuentdeckt zu haben, ist unbestreitbar *sein* Verdienst.

Merke: Die Vorsicht ist einfach, die Hinterdreinsicht vielfach. (Goethe)

Single-handed

Der Starke ist am mächtigsten *allein*: Niemand stellt einem mehr aus Rache die Hausschuhe ins Tiefkühlfach; kein Ärger führt zu jähem Adrenalinschock. — Mit Lust am Frust genießt man sich selbst! Und was man nicht alles alleine machen kann! Sachen, für die man früher ein Team brauchte, erledigt man heute mit „einer Hand" — sozusagen „mit links".

Fußball z. B. — einst klassischer Mannschaftssport — kickt man heute vom TV-Lounger aus als Fernseh-Bildschirmspiel — lässig mit nur einer Lameng. Und Tennis — wer hat denn früher schon mit sich alleine Tennis gespielt? „Skwosch" oder so ähnlich nennen sie das jetzt und fetzen sich im stillen Kämmerlein den Ball solo um die Ohren. Selbst ist der Mann!

Die Kraxlhuber besteigen alleine die Eiger-Nordwand; die Ballonfahrer überqueren solo den Atlantik; ihren Sommerurlaub verbringen moderne Eheleute ohnehin separat.

Auch die Segler haben Hand an sich gelegt: Sie schippern „single-handed" um die Welt. Na ja, nicht direkt mit einer Hand, das ist schlecht übersetztes Englisch, aber doch alleine (sagen sie jedenfalls).

Gustaf hat Tele-Fußball noch nicht ausprobiert. Für Squash fehlen ihm Anlage und Veranlagung. Und Bergsteiger und Ballonfahrer sind für ihn Marsmenschen. Aber zum Segeln kann er was sagen.

Vor allem möchte er brennend gern wissen, wann und wie — (nicht jedoch mit wem) die Einhand-Segler *schlafen*. Er glaubt ihnen ja, daß sie die Kurzschlaf-Methode mittels autogenem Training perfekt beherrschen. Aber irgendwann müssen sie ja mal koksen. Und während dieser Zeit fegt ihre DONNERWOLKE dann blind durch die Landschaft. Oder?

Auf einsamen Kursen außerhalb der Dampfertracks allein über die Ozeane trampen: das mag ja noch angehen. Aber was, wenn 30 oder 50 dieser auf Rasanz getrimmten Projektile gleichzeitig zu ihrer Einhand-Regatta starten — sei es auf dem Atlantik oder sonstwo? Wer brüllt „Raum", wenn A auf sicherem Backbordbug Kurzschlaf übt, wenn B auf Steuerbordbug gerade mal eben „muß"? Mangeln diese Geisterfahrer sich dann einfach über?

Und wer fiert auf dem Trimaran C die Schot, wenn die Bö einfällt, während der Skipper an der Matratze horcht? Wie geht man trampenden Ölfässern, versprengten Eisbergen, sperrigem Treibholz oder vagabundierenden Walen aus dem Weg, wenn das Leben sich nachts oder bei schlechtem Wetter überwiegend unter Deck abspielt? Wer wahrschaut fischende Trawler? Und was passiert bei

Nebel, Regenflagen, Orkanen?

Gustaf hat ein paar dieser Männer danach befragt. Sie wichen seinen Fragen samt und sonders aus. Ihre Antworten reichten von emotionsgeladener Verteidigung der letzten Reservate frustrierter Männlichkeit bis zur kultischen Verehrung technischer Sicherheitsapparate. Von Schärfung der Urinstinkte war die Rede und von Pioniergeist, Forschungsaufträgen und Streben nach Selbstverwirklichung.

Auch eigensinnigen Trotzköpfchen-Fatalismus konnte man hören („es bleibt meine Sache, wann und wie ich krepiere"). Aber wer den Ausguck wahrnimmt, wenn sie unter Deck sind, sagte keiner. Nee — Gustaf kann das alles nicht befriedigen. Er denkt an die Gefährdung anderer, an kostspielige Such- und Rettungsaktionen — und nicht zuletzt an die Sorgen der zu Hause vergeblich Wartenden.

Doch nun hat er gelesen, daß einige mediterrane und skandinavische Staaten die Einhand-Segelei vor ihren Küsten ganz verbieten wollen. Gustaf weiß, die Einhändigen werden ihn darob steinigen, aber er kann sich eine klammheimliche Genugtuung nicht verkneifen. Und er hält Einhand-Segeln solange für Quatsch, bis man ihm genau erklärt hat, wie sich solche Blindflüge mit den Forderungen des Seeverkehrsrechts vertragen (Ausguck dauernd besetzen, Ausweichpflicht beachten und gegebenenfalls in Sekundenschnelle Manöver des letzten Augenblicks durchführen).

Merke: Beim Segeln stellt Schiß eine höhere Form von Intelligenz dar, während Wagemut bestenfalls einen Mangel an Phantasie beweist. (Stoßseufzer eines bekannten Wassersportjournalisten und Hochseeskippers)

Pi

Auf der SINDBAD steht seit Urzeiten ein weißes, verbeultes Email-Litermaß griffbereit im Schapp unter der Pantry. Alle nennen es „Pi“, aber niemand weiß mehr, wer es weiland so taufte und warum gerade „Pi“. Mit dem englischen Pi-Dschäck, jenem klassischen halblangen Seemannswams, hat es jedenfalls nichts gemein.

Julchen sagt, Pi sei griechisch und man könne damit ganz leicht den Hubraum von Gustafs Marstal-Motor berechnen. Aber der Skipper winkt ab. Wat'n Quatsch! 800 Kubik hat sein Jockel. Was das genau bedeutet, weiß er nicht, aber es steht so im Prospekt. Wozu also „Pi“?

Der Pi-Pott dient an Bord gewissen Zwecken, also wenn man mal eilig muß — na ja, wie soll man dat auch ausdrücken. Zum Beispiel wenn die Nacht lang ist und man niemanden stören will. Oder op See, wenn't fix blosen deiht und dat unnerwärts all kniept. Dann schnappt man sich eben Pi. Da ist doch nix bei, oder?

Für Himmelfahrt hat sich „Zacki“ auf der SINDBAD zum Segeln angemeldet. Zacki ist Gustafs Juniorchef, ein agiler, drahtiger Dreißiger, der Tennis spielt und golft und bei dem alles „zack-zack“ gehen muß. Deshalb auch der Spitzname. Wenn Zacki morgens, weißgewandet, das Grafit-Phantomracket noch warm unterm Arm, auf leisen Kreppsohlen elastisch federnd ins Büro hechtet, legen alle die Ohren an. Zacki wirkt dann so dynamisch verjüngt wie Raketen-Ronnie nach dem Morgenritt, und es ist Vorsicht geboten.

Gustaf mag ihn nicht besonders, denn der Junior ist immer sehr auf Abstand bedacht. Er futtert mittags auch nicht mit der Belegschaft in der Kantine, sondern „speist“ nebenan im Restorang. Angeblich seiner Galle wegen; aber Gustaf weiß es besser: nämlich weil der Junior bannig krütsch ist und auch sonst recht eigen. Na, und sowat will nu Himmelfahrt mit ihm segeln! Um ihm nicht gänzlich ausgeliefert zu sein, lädt Gustaf seinen Abteilungsleiter, Herrn Morlock, mit zur Herrenpartie ein. Das ist ein älterer, ruhiger Mann, der seinen Spitznamen „Morskopp“ völlig zu Unrecht trägt.

Um 09.00 Uhr schippert das Trio aus dem Hafen. Einen Schlag zum Feuerturm. Einen Schlag in die Eckernförder Bucht. Nachmittags macht man in Strande fest. Zacki hätte lieber in Schilksee angelegt, klar! Aber Gustaf findet Strande gediegener, obgleich da mittlerweile derselbe Rummel herrscht. Außerdem hat er sich über Zacki geärgert, weil der dauernd über Tennis und Golf quatscht. Und Gustafs Seglerehre hat er auch schwer verletzt. „Segeln und Angeln machen denkfaul, träge und apathisch“, hat er gesagt. Und das nur, weil der Wind flau war und Gustafs Gesprächsbereitschaft als Rudergänger sich in Grenzen hielt. Überhaupt Tennis... Dann lieber mit frischen Eiern kegeln als so'n affiges Gehampel!

Nach dem Anlegen klaren Gustaf und Morskopp an Deck auf. Zacki betätigt sich unterwärts im Bauch der SINDBAD. — „Was wünschen die Herren zu speisen?" fragt er servil aus dem Niedergang. Gustaf ist schon wieder sauer. Warum lädt der Geizkragen sie nicht zum Abendessen ins Strandhotel ein? Da er seine – wie immer – etwas dürftigen Bordbestände kennt, knurrt er gereizt: „Rührei auf Speck; mehr kann meine Küche nicht bieten!" — „Fein!" sagt Zacki, und man hört ihn bald darauf die acht Eier, die Gustaf immer auf der SINDBAD vorrätig hält, mit dem Schneebesen schaumig schlagen.

Als der Speck in der Pfanne zischt, ist die Decksarbeit getan, und Gustaf und Morskopp klettern nach unten. Es duftet herrlich! Zacki schüttet gerade die Eierpampe auf den Speck und fragt stolz: „Na, wie bin ich?" Da erstarrt Gustaf nach einem raschen Rundblick seiner kritischen Kapitänsaugen zur Salzsäule: *Zacki hat die Eier im Pi-Pott angerührt!*

Was ist zu tun? Nichts! Es käme ohnehin zu spät. „Wohl bekomm's", sagt Zacki und haut jedem einen Schlag voll auf den Teller. „Für mich bitte nur wenig!" ruft Gustaf, aber er hat nicht mit Zackis Gerechtigkeitssinn gerechnet. „Keine Bescheidenheit", sagt der, „hier bekommt jeder das Seine!" — Während die Gäste sich die Lippen lecken, kaut Gustaf wie auf Sägespänen. Und er greift

alsbald zur Kömbuddel, um den Geschmack von „Laternenpfahl ganz unten" rasch loszuwerden.

Die Kömbuddel gestaltet den Abend dann noch halbwegs heiter. Besonders Zacki greift begeistert in die Harfe und singt La Paloma. Er findet das Segeln nun gar nicht mehr langweilig und schlägt vor, nächsten Vatertag wieder zusammen zu schippern. „Okay —", sagt Gustaf, der ihm den Vergleich mit den Anglern immer noch nachträgt, „und denn eet wi Greunkohl mit Pinkel."

Merke: „Pinkel" ist nicht das, was man vielleicht vermuten könnte. Es ist eine Kochwurst, die man in Bremen zum Nationalgericht Grünkohl ißt. (Aber ob Zacki das weiß?)

Pedologie

Gustaf wäre, aus dem Kleinen Belt kommend, zur Nacht lieber in Dyvig geblieben. Aber den Mädchen ist es dort zu langweilig. Sie wollen nach Sonderburg. Also tuckert Gustaf weiter durch den Alsen-Sund und schimpft still vor sich hin, denn er kennt den Rummel in den stets überfüllten dänischen Grenzhäfen.

Schließlich finden sie aber nach langem Suchen unterhalb des Sonderburger Schlosses ein Loch, wo gerade jemand ausläuft. Mitten im Päckchen natürlich, wie immer. Aber diesmal besteht das Päckchen aus einem Pulk von zehn Schiffen, eng gepackt wie Ölsardinen, und die SINDBAD mittendrin eingequetscht. Fast so schön wie beim Helgoländer Pfingsttreffen. Jeder latscht über des anderen Deck, und alle zusammen über das der SINDBAD.

Gustaf hockt im Cockpit wie ein gekränkter Klabautermann. Er stößt dicke Wolken gelben, giftigen Qualms aus seinem Knösel in die Luft und brütet Unheil. Frieda richtet unter Deck das Abendbrot an. Julchen beglotzt ungeniert die Typen auf den Nachbarbooten.

Der Skipper starrt auf die vielen Füße, die — hin und her — über das Vordeck der SINDBAD trampeln. Während er so seine pedologischen Studien betreibt, kommen ihm blutrünstige Gedanken, die sich bei jedem Bums verstärken. Sie reichen von Rattengift bis Fangeisen und übertreffen in ihrer Grausamkeit bei weitem den dritten Grad der mittelalterlichen Folter.

„Kuck ma da“, sagt Julchen, als der dicke Käptn der außen am Päckchen liegenden Hamburger Motoryacht sich eben anschickt, SINDBADS Seereling mit seinen Quadratlatschen umzumähen, „Klasse Elchlederschuhe — schääk nöch?“ —

„Straßenschuhe an Deck!“ stöhnt Gustaf und denkt an sein Scheuerdeck. —

„Mönsch, Vati, das sind doch echte Yachting-Mokassins!“ wendet Julchen ein. — „Und wofür soll dat Elchleder gut sein?“ fragt Gustaf mürrisch. — „Nicht *für*, sondern *gegen*!“ sagt Julchen, die immer alles besser weiß. — Gegen was, will Gustaf wissen. — Na, gegen Schweißfüße! — Igitt.

Gustaf kuckt seine Bootsschuhe an: Blaues Leinen mit weißer Gummisohle. Frieda hat die gleichen. Und Julchen auch. Auf der SINDBAD gibt es nur blaue Leinenschuhe. In Gustafs Jugend waren sie weiß und wurden sonntags mit Schlämmkreide aufgefrischt. Das gab dann die weißen Striche auf dem Mahagoni. Aber nun hat man schon lange diese praktischen blauen Treter. Nie wäre er je auf die Idee gekommen, etwas anderes zu tragen. Elchleder . . . ! Wegen so'n bißchen Fußschweiß. Wat'n Quatsch!

Während Julchen schweigend die scheußlichen blauen Dinger an ihren niedlichen Teenie-Füßen betrachtet, rumst es wieder an Deck, und ein junger Bursche klettert auf die SINDBAD. Sein Bein hakt dabei hinter die Reling, und es macht „plumps". Der Twen steht auf einem Bein wie ein angedirkter Storch und fragt, ob er mal Gustafs Bootshaken haben kann. Mit dem fischt er dann seinen außenbords gegangenen Latschen auf.

„Holz!!" schreit Gustaf und springt erregt in die Höhe. Es ist einer dieser praktischen Holzschlurren, die man auf der Drehbank herstellt und vom Tischler besohlen läßt. Ideal vor dem Mast! Taugen zum Segeln wie Karajan als Dirigent der Pöseldorfer Rentnerband ...

„Aber Vati", begöscht Julchen ihren Ollen, „das sind doch süße holländische Klompen, wie ich sie immer schon haben wollte. Bei uns heißen sie ‚Clogs' und kosten bei Karstadt nur 15 Mark. Bitte, Vati, ich hab da solchen Bock drauf!"

Gustaf lernt an diesem Abend von seiner Tochter noch viel über zeitgemäße Fußbekleidung aufgeschlossener Meerbezwinger. Er lernt, was Docksiders sind und Ranger-Boots. Daß man zum Surfen andere Botten braucht als im Jollentrapez; daß seine blauweißen Treter das Allerletzte sind (wirklich Vati!); daß der moderne Segler ohne leistungsaktivierende Saugnoppensohlen ein Bootsmuffel ist und modische Wassersportsandalen mit Keilabsatz in Tauwerkstruktur und profilloser Antislip-Sohle („Boating-Pantolets" genannt) das Allerneuste auf Neptuns Jahrmarkt der Eitelkeiten sind. Na, und natürlich ganz zu schweigen von „Danske Loppen" — dem *Urschuh* aus ungegerbtem Vollrindleder, den heute doch jeder umweltbewußte Yachtie trägt.

Gustaf hat genug von Julchens pedologischem Spinnkram. Er klopft seine Piep aus und klettert zu Frieda unter Deck. Ob sie Pantoletten oder so kennt? Nee, kennt sie nicht. Nach „Clogs" zu fragen erübrigt sich. Julchen hat ohnehin nächsten Sonntag welche an.

Merke: Wer anderen auf die Schuhe schaut, fällt selbst hinein. (Sprichwort)

Innovationen

„Innovationen“ nennt Winfried das, wozu kaufmännisch weniger gebildete Leute auf gut deutsch: „Öfter mal was Neues“ sagen würden. Winfried hat eine Kneipe in der Kieler Altstadt und einen fixen Steuerberater. Er schätzt die Abwechslung, laute Musik, sein Eheweib Heidrun und das Bier — als Kern der deutschen Seele. Als Hobby unterhält er einen dikken 14-m-Motorsegler, der viele seiner Innovationen schluckt.

Winfried ist so ein richtiger teutonischer Totaltyp von der naßforschen Art, dem man auf allen Revieren begegnet. Mit Hausflagge in der Saling, lauter Kommandostimme und einem Kniff in der weißen Kapitänsmütze. Wenn er mit seiner dickärschigen HOLSATIA anlegt, hört man ihn über den ganzen Hafen dröhnen: „He, Meister, wenn Sie ’n büschen nach links rücken und der Macker neben Ihnen einen Meter nach rechts, paß ich da noch gut zwischen. Ich werf Ihnen schon mal eine Leine rüber, Hepp!! — Fangen ist bei Ihnen wohl auch Glückssache, was? Kleiner Spaß, ha, ha!“

Frieda und Julchen können den fetten Kneipwirt nicht verknusen, aber Gustaf findet ihn ganz nett. Gerade hat er in Laboe neben der SINDBAD festgemacht. Gustaf hat ihm geholfen, die dicke HOLSATIA anzubinden. Nun muß Winfried schnell mit der Fähre übersetzen und in sein Restorang eilen, denn die Pflicht ruft. Winfried hat nie Zeit, sagt er, und nie Geld, denn die Steuer frißt alles (es folgt eine Aufzählung von 20 Steuerarten, die Winfried alle nach dem Leben trachten). Und schon ist er fort, denn die Fähre wartet nicht. Nicht mal auf Winfried. Typisch Fähre!

Eheweib Heidrun ist an Bord geblieben, um die staunende SINDBAD-Crew in die letzten Geheimnisse der Prêt-à-Porter-Mode von Laboe einzuführen. Mannomann hat das Weib Klamotten! Voltaire muß an Heidrun gedacht haben, als er den giftigen Satz schrieb: „Die Frau ist ein menschliches Wesen, das sich anzieht, schwatzt und sich auszieht.“

Kaum hat Winfrieds Fähre abgelegt, hockt sie sich aufs Kajütdach und breitet ihre Schätze aus. Nachdem die Mädchen sie gebührend bewundert haben, beklagt sie wehmütig, wie schwer das Leben für Leute ist, die schon alles haben. Nicht mal zu Winfrieds Geburtstag kann sie ihm etwas schenken. Auch nicht fürs Boot. Durch seine Innovationssucht hat er sich alle Wünsche immer schon selbst erfüllt.

„Schlips und Manschettenknöpfe“, knurrt Gustaf gereizt, denn das Gespräch ärgert ihn. — „Hach“, sagt Heidrun, „hat er doch schon.“ Und sie holt aus der Eignerkammer ein braunes Kästchen. „Hier“, sagt sie, „echter *captains dressing set.* Aus platingefaßtem Onyx. Hübsches Dekor, nöch? Anker und Krone!" — Gustaf verzieht sich unter Deck.

Frieda denkt praktischer. Wie es denn mit einer modernen Druckwasseranlage wäre, so eine, wie sie sich für die SINDBAD immer schon sehnlichst wünschte. „Ham wir auch schon", sagt Heidrun, „Windkesselsystem, vollautomatisch." — Julchens nicht ganz ernst gemeinter Vorschlag, der HOLSATIA doch einen Wulstbug (sie sagt „Pappnase" dazu) anzukleben, ringt Heidrun nur ein gequältes Lächeln ab. Auch ein elektrisches Bugstrahlruder ist nicht das richtige, und eine Bordsprechanlage mit automatischem Nebelhorn haben sie schon.

„Video-Recorder!" ruft Julchen. — Längst vorhanden. — Frieda meint, 'ne neue Armbanduhr kann ein Mann immer gebrauchen. Aber Winfried hat schon eine — sogar die allerneueste mit gekoppeltem Gezeitenwerk und Anzeige der Wochentage in englischer und französischer Sprache. Ganz schickes Modell. Auf der Ostsee wegen fehlender Gezeiten leider nicht voll einsetzbar.

Aber es gibt ja noch so viel Neues auf dem Markt der maritimen Eitelkeiten: Hunderettungswesten, Festmachertonneneinpickkarabinerhaken mit Stiel, CB-Gerät für den Funkverkehr mit dem Beiboot, hydraulische Achterstagspanner, elektronisches Anti-Seepockengerät, vollautomatischer Koppel-Navigationsrechner, Marineglas mit eingebautem Peilkompaß, Windfindergerät, Sonnenzellenkollektor, Wetterkartenzeichner, Grenzwellen-Decoder, 'ne Fischlupe zum Makrelenangeln, na und was des schmückenden Beiwerks sonst noch so ist.

Nee, sagt Heidrun und zeigt auf den Kommandostand ihrer Jubelarche. Dort sieht es aus wie im Cockpit eines Jumbo-Jets. Alles schon vorhanden, dank Winfrieds Innovationen und seines Steuerfritzen Geschicklichkeit.

Doch da steckt Gustaf den Kopf aus dem Luk und hat eine Idee: Warum Heidrun ihrem Innovator für seinen Eisendampfer keine *vergoldeten Propeller* schenkt? Das wäre doch was. 18karätiges Gold, das garantiert statische Aufladung und elektrolytische Zersetzung verhindert. In Holland schon mehrfach gebaut und auf Transatlantikrennen erprobt. Teuer zwar — aber eine Anschaffung fürs Leben. Hat kein anderer in Kiel. Eine echt wertbeständige Innovation ...

Das letztere scheint Heidrun besonders zu beeindrucken: Die Ersten zu sein in Kiel mit goldenen Propellern! Doch dann kommen ihr Bedenken. Das schöne Gold — und so tief im Wasser. „Ach", sagt sie nachdenklich, „ich weiß nicht. Wenn schon was Goldenes, dann doch lieber etwas, was man auch sehen kann. Am Mast oder so. Vielleicht 'ne goldene Schiffsglocke. Oder goldene Winschen ..."

Während so ihre Worte dahinfließen — kraftvoll und feucht wie die Stromschnellen des Rio Iguaçu — ist Gustaf längst wieder unter Deck verschwunden. Er erfährt somit nicht, was Winfried zum

Geburtstag kriegt. Und — ehrlich gesagt — es interessiert ihn auch nicht besonders.

Merke: Es heizt der Mensch sich seine Hölle selbst. (Sprichwort)

Schwanensee

Wenn man in Marstal am Hafen nach Süden wandert, führt ein sandiger Fußweg am Noor entlang zur Ärö Hale, einer schmalen Nehrung am Klördyb, auf der viele bunte Badehäuschen stehen. Frieda und Julchen sitzen dort oft im Sand und beobachten das Ein- und Auslaufen der Yachten — dort, wo die Fahrrinne sich dem Strand nähert. Schön ist es da, am Ostzipfel Ärös; man kann bis Bagenkop sehen; bei Südwest riecht man das weite, salzige Meer; bei Nordost den Brackwasserduft von Langelands Lindelse-Noor. Es ist ein Ort zum Träumen.

Wo die Badebuden enden, beginnt der morastige Streifen Schwemmland, der das Noor gegen die See abschirmt. Niemand geht dorthin. Warum auch? Außer brütenden Möwen und Seeschwalben ist dort nichts zu sehen. Oder doch?

In diesem Sommer haben Schwäne da gebrütet. Zwei Junge haben sie. Im grauen Jugendflaum hocken sie gut getarnt in ihrer Kuhle und sind noch völlig abhängig von der Versorgung durch die Alten. „Komm, laß sie zufrieden", sagt Frieda und führt Julchen zurück auf den Weg. Man soll die Tiere nicht stören. Und es ist auch zu modderig dort.

Auf halbem Weg zum Hafen sehen sie, wie sich im hohen Gras etwas bewegt. Julchen läuft hin. „Mutti, Mutti — ein Schwanenkind!" Tatsächlich, ein junger Schwan im graubraunen Kinderkleid. Ob er zu den anderen gehört? Er sieht kleiner aus als die zwei Geschwister und wirkt sehr schwach.

„Komm", sagt Frieda, „laß uns gehen. Die Alten werden ihn schon holen. Die lassen kein Kind im Stich." — „Aber *wenn* ...", wendet Julchen ein. — „Kein ‚Wenn'", sagt Frieda, „Jungtiere soll man in Ruhe lassen!" — Julchen ist nicht ganz überzeugt. Aber sie folgt willig der Mutter an Bord, wo Gustaf gerade sein Werkzeug wegpackt. Es gibt jetzt Abendbrot.

Bevor sie zur Koje gehen, springt Julchen noch einmal an Land. 'n büschen die Beine vertreten. Nach zehn Minuten kommt sie aufgeregt zurück: „Mutti, Vati

— das Schwanenjunge ist immer noch nicht abgeholt. Ich glaube, es stirbt." Frieda beschwichtigt sie; das Kind ist ja so sensibel. Sicher ist die Schwanenfamilie morgen wieder beisammen. Nun schlaf schön. Gute Nacht!

Am Morgen ist Julchen vor dem Frühstück wieder bei ihrem Schwan. Er hockt an der gleichen Stelle im taufeuchten Gras. Aber er sieht sehr geschwächt aus. Er stützt den Schnabel auf das Erdreich und bewegt sich kaum. Julchen streicht ihm zart über den nassen Flaum und tauft ihn „Murkel".

Dann läuft sie zur SINDBAD zurück. Frieda macht gerade Frühstück. Julchen kann es kaum erwarten, daß die Mutter mitkommt. Eine halbe Stunde später stehen beide Frauen bei dem verlassenen oder ausgestoßenen Murkel. Frieda meint, man müsse ihn zum Nest zurückbringen. Vielleicht nehmen die Alten ihn wieder an. Sie beugt sich vornüber und klemmt sich Murkel unter den Arm. Aber er ist zu schwer, um den ganzen Weg getragen zu werden.

Julchen holt das Dingi. Sie betten das Junge vorn auf eine alte Jacke. Frieda sitzt achtern; Julchen rudert über das Noor zum Schwanennest. Es ist leer — die Alten führen ihre Jungen wohl spazieren. Die Frauen legen Murkel ins Nest. Dann rudern sie ein Stück aufs Noor hinaus und beobachten aus der Ferne, was sich ereignet: Nichts! „Wird schon werden", sagt Frieda, „keine Mutter läßt ihr Kind im Stich!" — „Und wenn es gar nicht ihr Kind ist?" sagt Julchen ängstlich. Vielleicht verstoßen von einer anderen Schwanenfamilie? Oder krank und von den Eltern verlassen? Wer kennt sich schon bei Schwänen aus!

Sie rudern zum Boot zurück und erzählen Gustaf, was sie erlebt haben. Der Skipper schüttelt den Kopf. „Die Natur ist grausam", sagt er. „Sie stößt das Kranke ab. Da soll der Mensch sich nicht einmischen." Aber da kriegt Frieda funkelnde Augen. „So kann nur ein Mann reden!" Und Julchen sekundiert ihr: „Also das find' ich echt fies von dir, Vati! Was heißt denn ‚Natur'? Die Kälbchen bringt doch auch der Mensch auf die Welt. Und als unser Sittich damals krank war, hast du ihn auch gepflegt." Aber der Skipper bleibt dabei, daß sie die Pfoten von dem Jungschwan lassen sollen.

Doch die Mädchen sitzen schon wieder im Dingi und rudern zum Noor: Die Alten und die beiden Kinder sind zum Nest zurückgekehrt. Murkel, der Kümmerling fehlt. Nachdem sie ihn in der Umgebung des Nestes vergebens gesucht haben, finden sie ihn schließlich nicht weit entfernt in einer flachen Bucht. Er sieht bös aus. Ihm fehlen eine Menge Federn, und sein Hals weist Bißwunden auf. Er liegt mit dem Bauch im feuchten Uferschlamm und hält mühsam die Nasenlöcher über Wasser.

Ob er wohl schwimmen kann? Sie probieren es im Tiefen, aber sie merken gleich, daß es nicht geht. Das Junge kippt zur Seite und ist so schwach, daß es den Kopf nicht über Wasser halten kann.

Da stehen sie nun, die beiden Mädchen, mit ihrem halbtoten Murkel! „Die Natur hilft sich selbst", hat der Skipper gesagt. Aber er kann leicht reden. Wenn es ihm nun selbst so ginge? Man kann eine Kreatur doch nicht einfach verrecken lassen. Also packen sie das Tier wieder in ihr Dingi und rudern zur SINDBAD. Vati soll helfen. Der aber ist mit seinem Motor beschäftigt und weiß auch keinen Rat.

So rudern sie über die Bucht zur weißen Aalräucherei am jenseitigen Ufer. Dort, wo das Gras weich und trocken ist, betten sie den jungen Schwan in eine Mulde; aber den Möwen paßt das gar nicht, und sie ziehen tiefe Schleifen über seinem Bett und kreischen dazu bedrohlich. Die Mädchen ziehen den Kopf ein und fühlen sich schlecht und hilflos. Dann rudern sie eilig zurück zur SINDBAD – der Skipper soll sie rasch nach Ärösköbing segeln, sobald sein Motor klar ist.

Am nächsten Morgen laufen sie aus. In der Hafeneinfahrt treibt ein toter Jungschwan. Ob es ihr Murkel ist? Gustaf sagt „Quatsch"; um diese Jahreszeit gibt es hier viele Schwäne. Nur die stärksten kommen durch; das ist das Gesetz der Natur.

Frieda geht unter Deck. Und Julchen juckt plötzlich das linke Auge. Nach Marstal sind sie dann lange nicht mehr gesegelt: Es war ihr Schwanengesang ...

Herrliche Zeiten

Gustafs Flensburger Vetter Horst-Dieter (allgemein nur „HD“ genannt) ist zu einem Kurzbesuch in Kiel eingetroffen. — Gustaf und HD haben in ihrer Jugend Maienblüte viel zusammen gesegelt. Julchen findet HD echt Spitze und hockt dauernd an seiner Seite, um recht viel mitzukriegen. Wie das früher denn so war, will sie wissen, als Vati noch nicht verheiratet war. Zum Beispiel das Segeln und so ...

Was mag die Deern nur mit „und so“ meinen? Gustaf und HD werfen sich verstohlen einen vieldeutigen Blick zu. Holzauge sei wachsam! Aber dann kommen sie doch ins Erzählen, wie es (das Segeln!) einst in Bad Schwartau begann und was sie damals für dolle Hechte waren. Das „und so“ lassen sie dabei weg, schlau nöch? Gustaf war gerade 20 und wirkte als Azubi frohschaffend bei CREMER & CONSORTEN, während HD (17) sich ziemlich lustlos in der Obersekunda eines Lübecker Gymnasiums herumdrückte.

Ein eigenes Boot hatten sie damals natürlich noch nicht. Aber sie hatten eins gemietet: Von der Witwe Mannswoldt selig — die Klinkerjolle SEETEUFEL, ein gutes Schiff mit einem nostalgischen Gaffelrigg — schwer gebaut für das Segeln an der Küste. Damit schipperten sie im Schwartauer Wassersportverein, wann immer sie Zeit hatten — und manchmal auch, wenn sie keine hatten.

„Habt ihr da auch Ischen an Bord gehabt?“ will Julchen wissen, obgleich sie es für höchst unwahrscheinlich hält. Vati und Mädchen ...? Ausgeschlossen! Die Männer sehen sich so blauäugig wie nur möglich an. Ja — also an Bord direkt nicht, dafür war das Boot wohl 'n beten to lütt. Aber an Land haben sie natürlich nicht unbedingt wie Mönche gelebt, oder doch?

„Mönsch Gustaf“, sagt HD, „ich war damals doch noch viel zu schüchtern. Aber du warst ganz schön hinter den Deerns her, hi, hi. Weißt du noch — die ‚Feuerschiffsabende‘ vor Pelzerhaken...?“ Frieda spitzt gleich die Ohren, doch Gustaf winkt ab: *no comment.* „Schade“, sagt Julchen, „immer wenn's prickelnd wird, ist Schluß!“ Und dann fragt sie HD, wie der Vater denn mit Zwanzig so als Skipper war.

„Mann“, ruft HD, „ein schöner Sklaventreiber war das!“ Und er fragt Gustaf, ob er noch manchmal daran denkt, wie er ihn vor der Herrenbrücke in den Mors getreten hat. Leute, war das ein Tritt! Er flog fast außenbords, und alle Rippen taten ihm hinterher weh.

„Siehste!“ rufen Frieda und Julchen gleichzeitig. „Dich hat er damals also auch schon getreten, der Sadist! Genauso wie er es jetzt mit uns macht!“

Gustaf tut beleidigt — nein, *er ist es*! „Was der Lümmel euch da erzählt, stimmt überhaupt nicht. Es war ganz anders." — Wie denn? Die Mädchen sind neugierig geworden.

Gustaf druckst verlegen herum. Aber dann erzählt er doch: Sie waren kurz vor der alten Herrenbrücke, und HD sollte das Piekfall fieren. Mit gefierter Gaffelnock paßte die SEETEUFEL gerade eben unter der Brücke durch. Aber HD, dieser Morskopp, fierte statt dessen das Klaufall, so daß sie um Haaresbreite die Herrenbrücke umgelegt hätten. Na ja, und da ist Gustaf eben mal der Fuß 'n büschen ausgerutscht. Ist doch kein Unglück, oder?

Die Mädchen motzen ein wenig über den rüden Skipper, der alle Leute — ja selbst die eigene Familie — mit Füßen tritt. Dann aber will Julchen wissen, ob sie denn keinen Motor gehabt hätten. Sie habe im Führerscheinkursus doch gelernt, daß man Brücken nur unter Motor passieren dürfe.

Die Männer lachen, nee, einen Motor hätten sie nicht gehabt. Niemand im Verein hatte einen Motor — oder jedenfalls nur die Dickschiffe. Es ging ja auch ohne Jockel ganz gut. „Ja, aber nur, wenn der Vorschoter im richtigen Augenblick die Gaffel fiert", fügt Gustaf belehrend hinzu. Aber HD hat das wohl mehr als einen Hinweis auf die Wichtigkeit des Fockaffen aufgefaßt und bedankt sich sogar noch dafür: „*Mange tak* für die Blumen, Skipper! Ich hab' es dann ja auch von dir gelernt."

Ob Gustaf zu der Zeit nicht auch die Piratenjolle in der Tombola gewonnen hat, fragt Frieda. — „Was — eine Jolle? Wie denn das?" will Julchen wissen. Davon hatten die Alten ihr ja noch nie erzählt.

„Ja, das war so", sagt Gustaf, „der Verein wollte in dem Jahr ein großes Winterfest in der WALDHALLE aufziehen. Um möglichst viele Gäste von außerhalb zu ködern, sollte ein Paddelboot oder so was Ähnliches versteigert werden. Da hab' ich denen verklickert, daß das alles Quatsch ist. Für ein Kanu kommt niemand von Lübeck nach Schwartau. Wer paddelt schon?" Also was dann?, hatten ihn die Vereinsoberen daraufhin gefragt. Und Gustaf, dem gerade nichts Besseres einfiel, hatte ein Puschen-Boot, besser aber noch einen Piraten vorgeschlagen — eine richtige neue, werftgebaute Piratenjolle, segelklar im Saal aufgebaut, als Hauptpreis einer Tombola.

Ob er verrückt sei, haben sie ihn gefragt — *eine Jolle*! Wer das bezahlen sollte? „Na, die Käufer der Tombola-Lose natürlich, wer sonst!" hatte Gustaf ihnen leichthin geantwortet, obgleich ihm dabei alles andere als leicht zumute war. Sollten sie doch den Preis für die Lose heraufsetzen und statt *einer* Mark deren *fünf* verlangen. Wenn jeder Gast zehn Stück kaufte, waren die Kosten schnell gedeckt. Ganz einfache Sache!

Da haben sie dann seinen Rat befolgt und es gewagt: Bei der BÖBS-Werft in Travemünde wurde ein Pirat bestellt — eigenhändig gebaut vom Vereinskameraden Heino, der damals bei BÖBS als Schiffszimmermann arbeitete. Das Boot wurde pünktlich geliefert und prangte, als der Galaball stieg, festlich geschmückt im großen Saal der WALDHALLE. Ein Riesenerfolg! Aber das dicke Ende kam bald: Gegen Mitternacht war noch nicht die Hälfte aller Lose verkauft, und Gustafs grandiose Idee schien ein arger Flop zu werden. Da klapperte der Vorstand von Tisch zu Tisch alle Gäste ab, um nachzusehen, ob auch jeder seine Lose gekauft hatte. Auch zu Gustaf kam einer.

Aber Gustaf hatte kein Los! Leute, fünf Mark waren damals viel Geld (mindestens sechs große Biere!) Und er hatte ja auch die dicke SEETEUFEL in Charter — was brauchte er da noch einen Piraten. Außerdem hatte er bei so was noch nie gewonnen und würde auch diesmal nichts gewinnen. Deshalb waren die fünf Mark weitaus besser in Bier angelegt.

Doch da hatte ihn schon der Vereinsbesitzer persönlich beim Kragen und nahm ihn mächtig zur Brust. Er sei ein übler Schuft, sagte er, erst so etwas anzuleiern und dann zu kneifen. Da konnte Gustaf nicht anders und opferte seinen letzten Biertaler. Scheunen Schiet! Doch was half's — es geschah wenigstens für einen guten Zweck.

Ja, und da passierte es: Das Große Los fiel auf die Nummer 415. Und die hatte Gustaf in der Pfote, jawoll! Für *ein* Los hatten seine Kröten nur gereicht, aber damit hatte er jetzt seine SINDBAD I gewonnen. Und ausgerechnet die schwarze Inge von der Jugendabteilung hatte das Los für ihn aus der Trommel gezogen. Als er sich — leicht verstört — erhob, hörte er aus dem Hintergrund einige Leute laut „Schiebung" rufen. War ja auch etwas seltsam, nicht wahr? Ging aber alles mit rechten Dingen zu.

„Mönsch Vati —", unterbricht Julchen Gustafs Redefluß, „ich glaub' fast, mein Schwein pfeift. Bindest du uns hier eigentlich einen dicken Bären auf? So was gibt's doch gar nicht." — „Doch, ehrlich", sagt Gustaf treuherzig und legt dazu die Hand aufs Herz, „frag doch Johann Klaussen aus der Peterstraße oder den Vereinsbudiker Wischenkopp oder einen anderen von den Älteren im Verein. Die wissen das alle noch. Das vergessen die nie! Die glauben heute noch, ich hätte sie besch ..."

„Gustaf!" ruft Frieda, „das Kind!" Doch Julchen findet die Story unheimlich dufte und will, daß der Skipper weiter erzählt. Und so erzählt er von Urlaubstörns, Sturmböen und den Regatten, die er mit HD an der Vorschot auf der Travemünder Bucht gesegelt hat. Ob sie auch mal einen Preis gewonnen hätten, will Julchen wissen. Gustaf will gerade „Nee!" sagen, da ruft HD: „Klor, dat *Bild*!"

Richtig, das Bild — ein von Künstlerhand gemaltes blaues Segel auf diffusem nachtschwarzem Grund. Ein wunderschönes Bild! Hintendrauf ein Etikett: „2. Preis — Travemünder Woche — Piratenklasse." Es hängt heute noch über seinem Bett Aber warum, zum Teufel, muß

HD ausgerechnet auf dieses Bild anspielen? Es gibt nichts, woran Gustaf weniger gern erinnert werden möchte; es weckt in ihm Erinnerungen an eine wenig ruhmreiche Tat. Es wäre besser gewesen, wenn HD darüber geschwiegen hätte. Er ist der gleiche Tolpatsch geblieben wie früher — immer mit beiden Beinen rein in den Salat!

Doch da plaudert HD schon munter aus dem Nähkästchen. Ob Gustaf das denn nicht mehr wahrhaben will? Das war doch die Regatta, wo sie außer Konkurrenz gestartet waren. Um das Meldegeld zu sparen, wollten sie — nur so — neben dem Feld herschippern. Aber Gustaf hatte die auf dem Leuchtenfeld ausgestellten Preise gesehen und sich in das blaue Bild verliebt. Na ja, erinnert Gustaf sich widerwillig: Wie das eben so kommt. Er konnte sich das hinterher auch nicht erklären.

Gustaf hatte – außerhalb des Feldes – einen guten Start erwischt. So ergab es sich ganz zufällig, daß er, an der ersten Tonne in guter Position liegend, sich ganz sutje in den Jollenpulk einsickern ließ und plötzlich mittendrin frech mitreeste. Bei über hundert Piraten fiel das gar nicht auf. Mein Gott, man soll so etwas auch nicht zu eng sehen! Jedenfalls lag er an der vorletzten Tonne an dritter Stelle und dachte sich nichts Böses dabei. War ja alles nur Spaß.

Doch nun kam, womit er nicht gerechnet hatte. Sein Vordermann baute plötzlich Scheiß und wurde herausprotestiert. Das führte dazu, daß Gustaf jetzt an zweiter Stelle lag, und das änderte auf einmal alles. Der zweite Platz bedeutete das *blaue Bild* als Preis. Da konnte nur der Liebe Gott seinen dicken Daumen zwischengehalten haben. Aber wenn er es so wollte? Gustaf würde kein Spielverderber sein, schon gar nicht bei so einem hochgestellten Schiedsrichter. So wurde Gustaf beim Zieldurchgang als Zweiter gezeitet. Ganz ordnungsgemäß — bis auf den kleinen Schönheitsfehler.

Bei der Preisverteilung auf dem Leuchtenfeld stellte er sich zwischen die Preisträger. Als der zweite Preis vergeben werden sollte, blätterte die Rennleitung nervös in ihren Listen, weil sie Gustafs SINDBAD nicht darin finden konnte. Da Gustaf aber als Nummer 2 durchs Ziel gegangen und „ordnungsgemäß“ gezeitet war, mußte wohl alles seine Richtigkeit haben. Man entschuldigte sich sogar bei ihm für den Kuddelmuddel: Die vielen Meldungen, nicht wahr! Gustaf murmelte „Okeh, kannscha ma vorkomm“, und stahl sich mit roten Ohren und dem blauen Bild unterm Arm kantapper, kantapper davon.

Jule ist empört. „Also Vati, bei mir tickt's wohl nicht richtig. Das darf doch nicht wahr sein! Du — ein Betrüger?“ — Gustaf lacht säuerlich, ha, ha — ist ja auch alles Tünkram. — „Aber woher stammt dann das Bild über deinem Bett?“ kontert die Tochter kampflustig. — Dat Bild ... ach so, dat Bild ...

HD weiß Rat und Hilfe: „Stammt das nicht von einer späteren Regatta?“ — Doch Julchen hat Blut gerochen: „Leute, mich könnt ihr mit solchen Zinken nicht aufs Kreuz legen! Pfui, ich finde das echt fies!"

Den Männern ist mit einmal der Appetit auf weitere Enthüllungen vergangen. Ist ja auch Quatsch, den Mädchen so etwas zu erzählen. Wo die doch immer alles in die falsche Kehle kriegen. Nur gut, daß sie nicht alle ihre Raketen verschossen haben, zum Beispiel das Ding mit ... — „Psst", macht Gustaf und legt den Zeigefinger auf den Mund.

„Dann habt ihr ja auch bald geheiratet", sagt HD und gähnt zum Zeichen, daß es wohl an der Zeit sei, ins Bett zu gehen. Genug geredet für heute — zuviel fast. Er ist müde von der Reise. Doch nun wird Frieda von nostalgischen Erinnerungen gepackt.

„Weißt du noch, Horst-Dieter, wie du uns immer zum Essen besucht hast, als wir noch in dem kleinen Zimmer in der Elisabethstraße wohnten?" HD erinnert sich. Er erinnert sich auch an Julchens Geburt und wie Gustaf die Lütte sonntags immer im Kinderwagen durch den Schwartauer Wald spazierenfahren sollte. (Scheunen Schiet!) Und weil er dazu keine Lust hatte, entführte er sie schon im Alter von drei Monaten auf seine Jolle und schipperte mit ihr den toten Travearm auf und ab. Ganz behutsam natürlich, und immer schön im Windschutz der Teerhofinsel.

Aber trotz aller Vorsicht passierte es eines Tages, daß die Wickeltochter beim Anlegen an eine Klampe stieß und sich dabei die Schnute verletzte, aus der alsbald ein dünnes Tröpfchen Blut sickerte. Und dies ausgerechnet in dem Augenblick, als Frieda — von dunklen Ahnungen und unstillbarer Sehnsucht nach der Tochter getrieben — gerade im Bootshafen eintraf, den dort abgestellten Kinderwagen entdeckte und dabei auch Augenzeuge von Gustafs brutalem Anlegemanöver wurde. Bei dieser Gelegenheit fiel dann das harsche Wort von „blutrünstigen Mörder", das von Frieda nicht so böse gemeint war, das Gustaf aber bis heute nicht vergessen hat.

Danach segelte er einige Zeit nur noch mit HD, während Frieda zu Hause auf Julchens Schnute achtgab. Für alle Teile kein sonderlich befriedigender Zustand, aber das Boot war nun einmal *vor* Julchen dagewesen und hatte somit ältere Rechte. Jedenfalls dachte Gustaf damals so und war erstaunt, daß Frieda das anders sah. Und er konnte sich — nach echter Männer Art — keinen rechten Reim darauf machen, weshalb der Haussegen bei ihnen so oft schief hing.

Als Jule so weit war, daß sie alleine stehen und laufen konnte, fand sich eine bessere und dazu sehr typische Segler-Lösung: ein größeres Schiff, die SINDBAD II — ein richtiges, echtes Kielboot.

„Das war doch der lange Pott, der pausenlos gelenzt werden mußte!" erinnert sich Horst-Dieter. „Bis Fehmarn hatten wir immer schon die halbe Lübecker Bucht durch die Bilge gepumpt."

„Nu dreh' mal sutje bei", fällt Gustaf ihm ins Wort, „ihr vergeßt wohl, wie alt das Schiff war." Doch HD weiß das genau: „Wurde der Kahn nicht Anno 1906 bei v. Hacht in Hamburg gebaut? Man erkannte ihn immer schon von weitem an seinem aufregenden Mastfall nach achtern. Dadurch war er auch auf Raumwindkursen so luvgierig, daß uns zweimal im Seegang die Pinne brach."

Gustaf ist sauer, daß sie das alte Schiff so despektierlich als „Pott" und „Kahn" bezeichnen. Aber dann kommen sie doch ins Reden — über die wundervollen Linien der alten Lady, ihre atemberaubenden Maße von 9,10 × 1,98 Meter und das herrliche Mahagoniholz, aus dem sie gebaut war. Nicht zu vergessen auch die vielen (nassen!) Reisen, die sie mit ihr nach Dänemark gemacht haben, und wie lange es dauerte, bis sich endlich ein Käufer für sie fand. Es war ein Bremer Arzt, und er segelte weitere 15 Jahre mit ihr auf Weser und Nordsee, bis sie so spack wurde, daß mehr blankes Wasser durch ihre Plankengänge pülschte, als zwei Mann aus ihr herausschöpfen konnten, um nicht unterwegs abzusaufen.

Ach ja, waren es nicht herrliche Zeiten, damals, als die Schiffe noch aus Holz waren? Als Ziehklinge, Schleifpapier, Spachtel und Kitt die wichtigsten Utensilien des Skippers waren — nicht zu vergessen Holzhammer, Baumwolle und Kalfat-Eisen, denn richtig trocken wurde es nie in der Bilge. Und die Segel waren aus Mako, das laufende Gut aus Hanf, die Stagen aus verzinktem Stahldraht. Und Kompaßgehäuse, Klampen und Bullaugen aus Messing oder matter Bronze, die wie echtes Gold schimmerte.

Plötzlich kommen sie ins Schwärmen und reden alle vier durcheinander. Vom ersten Dacronsegel auf SINDBAD III; dem ersten auf SINDBAD IV eingebauten dänischen Motor, der bei Schräglage immer stehenblieb; der ersten Schotwinsch auf NUMMER V; und dem ersten richtigen Bordklo auf NUMMER VI. Ach ja, und dann der neue Job in Kiel und der Umzug in die größere Wohnung. Julchen gedenkt voller Rührung ihres ersten, heißgeliebten Optis. Gustaf stöhnt vor Begeisterung über den herrlichen Liegeplatz im Alten Olympiahafen. Frieda bekommt glückliche Augen, wenn sie an ihre tolle Einbauküche in Sauerbiers Wohnung denkt — die erste in ihrem Leben! Und das alles liegt nun schon so lange zurück, und man weiß eigentlich gar nicht mehr genau, was man nun zur „Guten alten Zeit" rechnen soll und was zur neueren Zeit, die doch zweifellos auch manche guten Seiten hat. Sie streiten sich noch etwas darüber. Doch dann sind sie alle müde und gehen in die Falle — morgen ist auch noch ein Tag.

Gustaf liegt in seinem Bett noch lange wach. Viele Gedanken wirbeln in seinem Kopf durcheinander. Wenn es wahr ist, daß im Leben der Menschen das Sein das Bewußtsein bestimmt, dann ist bei ihm auf jeden Fall die *Segelei* bisher der bestimmende Faktor gewesen. Ob ihr Einfluß immer gut war, mochte dahingestellt bleiben; da mußte man besser mal Frieda fragen.

Aber „Herrliche Zeiten"? Nee, die hatte er eigentlich nie erlebt. Für Frieda und ihn waren die Zeiten manchmal gut, manchmal halbwegs erträglich gewesen. Doch meistens waren sie erbärmlich: Winzige Wohnräume, kleine, nasse Boote, harte Arbeit und immer knapp bei Kasse — das war sein Leben bis heute. Gewiß gab es mal eine Sternstunde, aber der Wolkenhimmel überwog bei weitem. Und sein „Schietappel" zeigte am Signalmast oft genug „Starkwindgefahr" an.

Von „herrlichen, alten Zeiten" konnten eigentlich nur Dummköpfe reden. Gustaf fragt sich ehrlich, ob es nicht doch meist die *Erinnerung* ist, die Vergangenes leicht in bengalisches Licht taucht, die Graues rosa färbt, Rost zu Patina macht und mürbes, altes Mahagoniholz zu einer fixen Idee werden läßt — zu der Idee nämlich, daß Altes an sich schon etwas Gutes sei.

Nach dieser tiefschürfenden Betrachtung kommt er zu dem Schluß, daß man sich selbst nichts vormachen soll. Nostalgie ist schließlich nichts weiter als eine Art Flucht vor der Wirklichkeit und ein Ausweichen vor der Auseinandersetzung mit der Zukunft. Segelt er seine dikke, alte SINDBAD wirklich Jahr für Jahr weiter, weil er ein Oldtimer-Fan ist? Oder ist der wahre Grund, daß er es nur tut, weil ihm das Geld für ein modernes, leichtes und einfach zu segelndes und zu pflegendes GFK-Schiff fehlt? Fagen über Fragen ...!

Die Antwort erfährt er nicht mehr, denn seine Meditation wird dadurch beendet, daß er sanft entschlummert. Und während seinen Nasenlöchern leise Pfeiftöne entweichen, träumt er, er sei zwanzig Jahre jünger und segle auf Witwe Mannswoldts Klinkerjolle SEETEUFEL den toten Arm der Alten Trave entlang – zwischen saftigem Wiesengrund und bunten Kühen zur Linken und der ehrwürdigen Teerhofinsel zur Rechten. Vom Bootshaus des SWV aus winken ihm Johann Klaussen und der Messewart Wischenkopp freundlich zu: „Tschüs Gustaf! Holl di stief, Mann!" — Ach, waren sie nicht eigentlich doch ganz schön gewesen, die alten Zeiten?